激活与创新

陕西地域特色文化视觉创新设计

挖掘陕西地域代表性文化，以视觉创新视角再设计，传承陕西文化、传播地域文化。

感谢西安建筑科技大学、西安建筑科技大学华清学院的同学对本书的支持。

激活与创新

陕西地域特色文化视觉创新设计

牟 夏 著

中国商业出版社

图书在版编目（CIP）数据

激活与创新 : 陕西地域特色文化视觉创新设计 / 牟夏著. -- 北京 : 中国商业出版社, 2023.12
ISBN 978-7-5208-2747-8

Ⅰ. ①激… Ⅱ. ①牟… Ⅲ. ①地方文化－文化产业－产业发展－研究－陕西 Ⅳ. ①G127.41

中国国家版本馆CIP数据核字(2023)第231682号

责任编辑：吴倩

中国商业出版社出版发行
（www.zgsycb.com 100053 北京广安门内报国寺1号）
总编室：010-63180647 编辑室：010-83128926
发行部：010-83120835/8286
新华书店经销
北京七彩京通数码快印有限公司印刷
*
787毫米×1092毫米 16开 8印张 122千字
2023年12月第1版 2023年12月第1次印刷
定价：68.00 元
* * * *
（如有印装质量问题可更换）

引　言

社会价值体现

文化创意（以下简称“文创”）产业是在经济全球化背景下产生的以创造力为核心的新兴产业，近年来得到较快的发展，文化创新已经成为提升我国文化软实力的国家战略。文创产业也是促进社会凝聚力和国家建设的重要因素之一，同时促进了不同文化间的交流、理解与合作。文创产品引入视觉创新，对文化进行挖掘，并进行全新视觉转化和探讨，利用原生艺术品的符号意义、美学特征、人文精神、文化元素，对原生艺术品进行解读和重构，将原生艺术品的文化元素与产品本身的创意相结合，形成一种新型文创产品。陕西深厚的文化底蕴，不仅是宝贵的精神财富，也是巨大的物质资源。陕西地域特色文化作为一种文化形态和文化资源，在文化创新领域的作用日渐升级。本书对陕西地域特色文化进行梳理和视觉转化，挖掘多元的文创产品，对陕西特色文化传播推广有一定积极意义。

创新之处

本书主要以陕西地域特色文化多角度激活、文创产品设计视觉创新为主要研究对象，运用现代视觉传达设计手法以视觉元素符号提取与再设计的方法研究创意产品设计。本书重在探讨如何激活陕西地域特色文化视觉创新并在文创产品中设计应用，通过何途径对外传播以提升陕西文化旅游大省在国际舞台上的形象，促进陕西经济发展，加强对外交流，让更多的人了解陕西、了解陕西地域特色文化。以“激活与创新”为主要出发点，对陕西地域特色文化进行挖掘，研究视觉形象创新转化方法及对外传播策略，增强陕西特色文化视觉新形象，扩大传播度。作者对陕西比较有代表的地域文化进行实地调研，多次与非遗传承人进行交流，亲身体验民间技艺，参观民俗类博物馆，深入了解陕西特色文化，通过实体调研、网络资料收集、资料查阅，提取有代表性的陕西特色文化，创新视觉新形象，研究陕西特色文化视觉形象创新表达方法，强调文化传承的观点，探索地域文化视觉形象创新与文化传承的关系，强调地域文化视觉创新的重要性。

本书用理论结合实践的方法，通过对文创进行分析，对陕西文创现状进行调研，研究文化与传承的关系，提取陕西地域比较有代表性的文化元素进行视觉形象创新设计，通过设计定位、主题形象提取、色彩分析、图形表达、形式表现、材料展现、形式创新的角度去分析研究，将陕西特色文化在视觉形象、形式上进行视觉创新。通过大量案例研究总结共性问题，概括出陕西特色文化视觉形象创新表达的方法。

适宜应用于视觉领域

本书适用范围包括对文创设计、陕西特色文创设计、旅游产品创意策划设计、民俗文化资源整合与创新、民俗文创产品设计、地域性旅游产品开发等相关领域，适合相关领域的本科生、研究生及专业教师、研究人员与设计人员阅读参考。

目　录

1 文创产品设计

探讨文创产品设计的特征和内涵，分析文创产品设计现状和文创产品设计的类别，研究文化与传承的关系。

1.1 文创产品设计的特征

1.1.1 以消费者需求为出发点

在市场经济的大环境中，文创产品的开发要从消费者需求出发。身份、性别、年龄差异，导致了不同消费者需求的产生，因而在制订文创产品的设计方案与销售策略时要事先做足市场调研，认真分析消费者需求，找到适宜当下的流行文化元素，以此满足消费者对于文创产品的物质及精神层面的双重需求。

1.1.2 以创意为设计中心

创意是文创产品与普通产品的最大差异和明显区别，设计者通过产品设计的形式来传达具有价值的文化内涵，引入具有一定象征性含义的符号来传达信息，通过被人们接受的约定俗成的联想含义进行沟通，让消费者感受到产品所蕴含的文化性和创造性。设计者在进行设计时通过提取—转化—抽象—重构的过程对元素进行加工。首先需要在纷繁复杂的文化中搜寻和捕捉美的元素，开始设计与创作；其次，将设计者的审美意识加入已经抽象和转化的元素当中；最后创造出符合形式美与格式塔心理的文创产品。

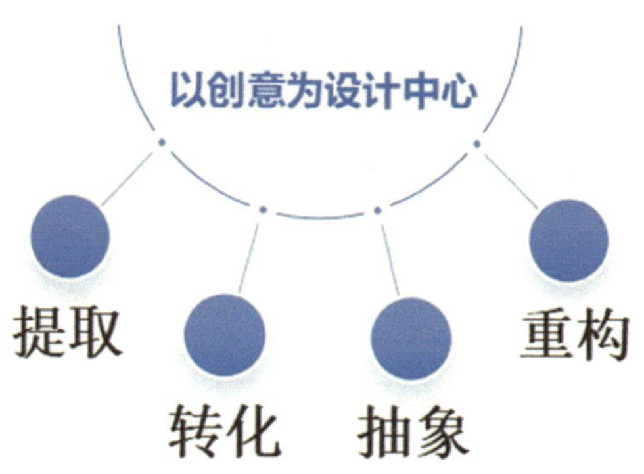

图 1-1 以创意为中心的设计转化

1.1.3 新技术的融入增加文创产品设计的多元化

随着科学技术的进步，文创产品的设计也应该向数字化、智能化、定制化、信息化转向。3D 打印技术现在已经被广泛地应用于文创产品的开发制作过程中，通过 CAD 软件建模可以更加便捷地将要表现的复杂的文创产品造型制作出来，简化了传统生产流程中的繁杂工艺。通过 3D 打印技术，设计师可以将更多的注意力转移到产品的创新与创意上，从制作工艺角度为设计减少了限制，也使得更多的流行元素融入文创产品成为可能，最大限度地保证了设计的完整性，增加了文创产品设计的多元化表现。

1.2 文创产品设计的内涵

文创产品以创意为核心，以文化为基础，展现文化的魅力。文创产品设计需要结合文化底蕴与文化价值，将文化价值加载到应用产品上，通过一定的结合方式设计出文创产品。文创是对传统文化的深刻提炼，既满足当代人的生活需求又符合现代审美，同时还能传承历史文化。

首先注重文创产品设计实用性，设计与大众生活息息相关的实用性文创产品，实现文创产品的生活应用价值，满足人们日常使用的需求。

其次注重文创产品的文化内涵。文创产品是传播文化的载体，满足人们的情感需求，激发全民族文化创新创造活力，“坚持创造性转化、创新性发展，不断铸就中华文化新辉煌”。文创产品是文化资源经创意转化，具备市场价值的产品形式，即包括“文化资源+文化创意+市场价值”三要素的满足人们精神和物质需求的产品。

图 1-2　陕西历史博物馆文创设计

图 1-3　陕西传统节日文创

1.3　文创产品的开发价值

文创产品连接了“古”与“今”。中华文化经过五千年的历史积淀，已经与中国人民的情感深深连接，以物质载体、精神载体等方式传承下来，紧密地和大众联系在了一起。随着全球化脚步的加快，科学技术的不断更新，整个社会发生着巨大的变革，人们在享受物质生活、享受现代科技带来的方便时，也对文化传承提出了新的要求。在新时代里，通过改良产品的外观、实用性和科技性，将产品赋予新的生命，达到传承文化的目的，是当前文创产品的必然要求。设计一款具有传统文化创新的创意产品，最大的意义在于让优秀的传统文化内涵能够融入日常使用的文创产品中，使每一位使用者在使用该产品时，能用一种更加轻松、有趣的方式去解读传统文化内涵，传递一种积极向上的生活态度。

文创产品设计的开发价值是以“打动”为初衷，以更为细腻的情感体验为保证，以对地域文化的系统化开发为方法之一，以理性、全面的市场分析和营销策略为途径。产品与地域文化的设计创新，将能够为文化创意产品发展提供强大的支持，并为世界了解中国和本土民众了解自己的文化建构起结实的桥梁，有效地开发和促进民族文化的发展与创新能够提高竞争力，增强国家文化软实力。

1.4 中国文创设计发展现状

在互联网时代文化经济浪潮下，中国的文创产业迎来了新的黄金年代。全国各大城市都在根据自己的地域特征，提出适合本地特色的文化创意产业发展目标。文创产业的发展带动了旅游业的发展，促进了经济的发展。文化创意产业不断蓬勃发展也是形成文化品牌和彰显文化自信的途径。文化创意产品区别于大多数一般产品的特殊性主要在于它的文化创意内容，这是文化创意产品的核心价值。现在的文创产品丰富，但是视觉形象的展现却参差不齐，有的是直白地把视觉符号搬到文创产品设计中，有的是简单地拼凑，没有在视觉形象再设计上进行深入研究，缺乏特色和视觉美感。需要对文创设计进行系统化的分类和对视觉形象进行创新设计，形成独特的、具有美感的、文化个性鲜明的优秀文创产品设计，才能实现文化的传承和传播。

1.5 文创产品设计类别

文化创意产品是以文化、创意理念为核心，是人的知识、智慧、情感和灵感在特定行业的物化表现。文化创意产品的创意来自文化，将产品本身所蕴含的文化因素，分析转化成设计要素，并运用设计为文化因素寻求一个符合现代生活形态的新形式，并探求其使用后对精神层面的满足。文化创意产品按类别可以分为工艺礼品类、生活实用品类、旅游纪念品类、平面衍生品类等丰富的品类。

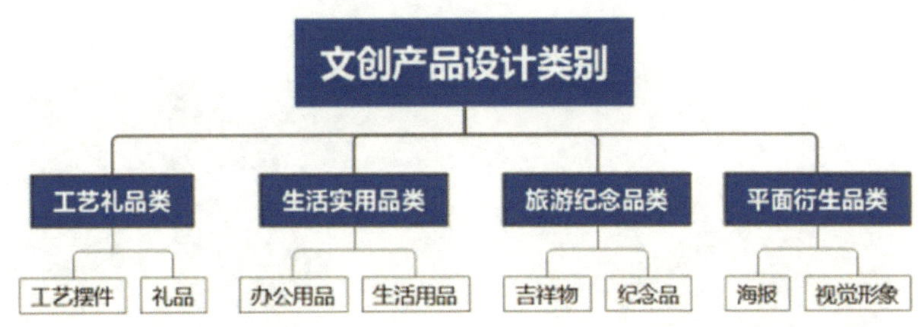

图 1-4 文创产品设计类别

1.5.1 工艺礼品

富有主题文化含义的创新工艺品，即通过手工或机器将原料或半成品加工而成的有艺术价值的产品。做工精美，出自匠人之手，体现文物原貌，有一定收藏价值。

图 1-5 虎符工艺摆件

在工艺品设计中，色彩是设计的一大要点。对于工艺品设计而言，色彩关系到整个作品的成败。工艺品的制作成本高，颜色如果没有设计好，很容易看着粗糙没质感。对工艺品进行色彩设计时，要从其文化内涵、地域特色中来提取色彩元素。

1. 5. 2 生活实用品

实用性的文创产品有文具产品、办公用品、家居生活用品等，具有一定的使用功能，在日常生活中既具有审美的功能又具有实用的功能，不但具有收藏价值，还可以满足人们日常生活需求。

图 1-6 皮影书签

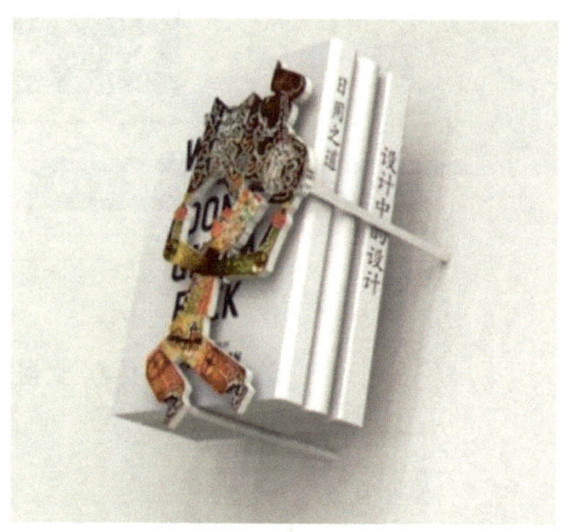

图 1-7 脸谱便笺纸

图 1-8 文创餐具设计

1.5.3 旅游纪念品

旅游纪念品包括创意首饰、玩具公仔、创意包装、化妆品、工艺品等。顾名思义，旅游纪念品有纪念价值，富有当地的旅游特色才能够吸引游客注意力。国内比较知名和有代表性的文创类纪念品有故宫文创和敦煌文创。

图 1-9 故宫文创

图 1-10 敦煌文创摆件

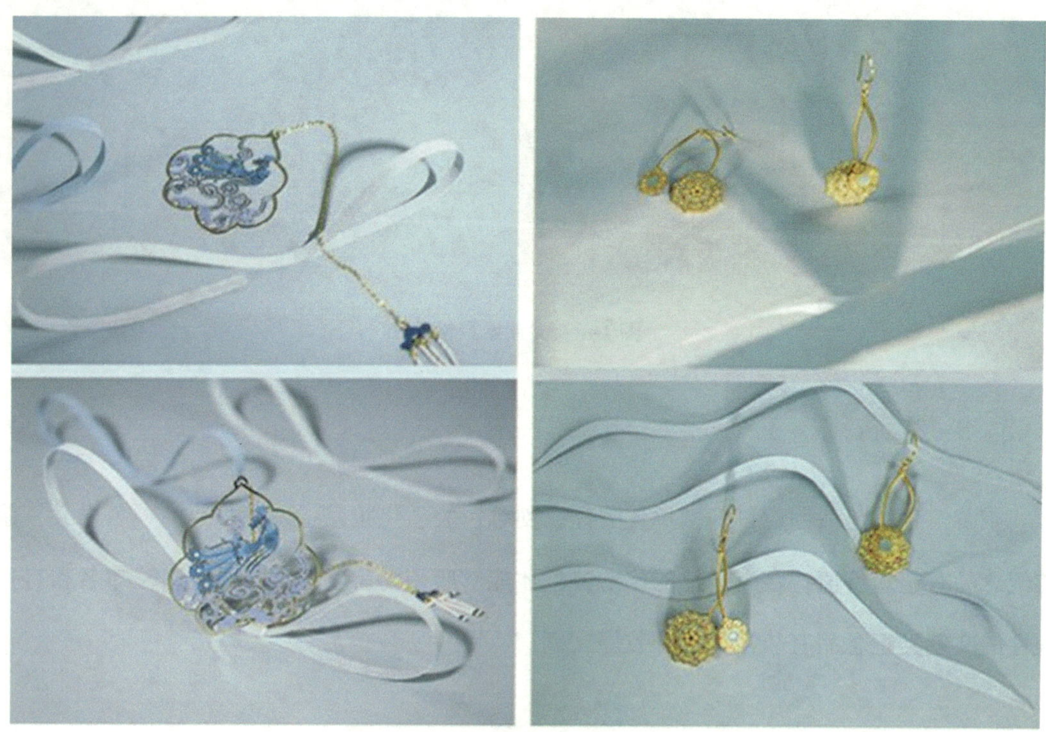

图 1-11　甘肃博物馆文创首饰

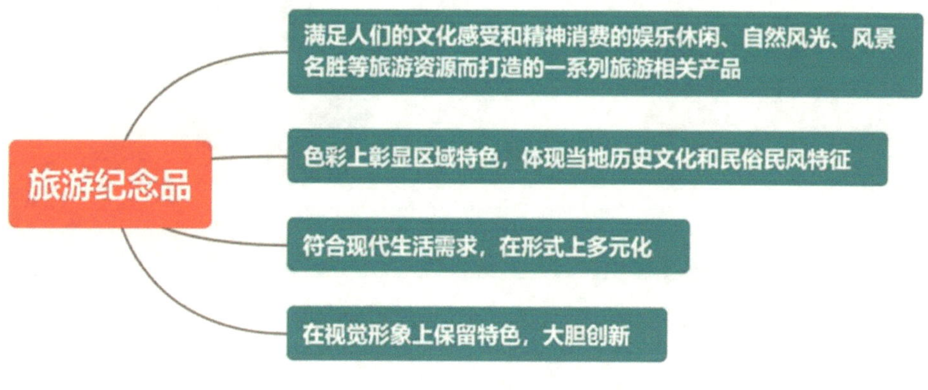

图 1-12　旅游纪念品特征

1.5.4　平面衍生品

将地域特征图形进行延展，以图案、插画形式进行创作，应用在信封、明信片、书签、绘图本、T 恤等周边产品中。平面衍生品对区域文化传承和发展具有独特的意义，它是以视觉为主传播当地的文化艺术特色而发展起来的创意产品。

图 1-13　平面衍生品

案例分析：节日主题的一套文创产品设计，色调整体饱和度较高，有节日主题特色。

图 1-14　巍山马帮插图设计（作者/曹雯钧）

案例分析：一套平面插图形式的主题形象设计，用不同画面展现云南的巍山马帮，用叙事性表现文化精神，更好地将文化传承下去。画面色彩统一，画面丰富，叙事连贯，视觉冲击力较强。

1. 6 文创产品设计与文化传承

文创产品设计是文化创意产业的一个重要的分支，是设计师对历史文化遗产进行理解与解读后，从中汲取物质和精神方面的文化元素，并结合时代特点、社会审美等外部因素设计出的一系列“文化再造品”。文创产品应具有产品实用功能性，同时蕴含精神文化，在带给大众生活便利的同时，也让消费者心理上产生对文化的认同感与归属感。文化的传播和推广是传承传统文化的当务之急。如何把传统文化用好、把传统文化故事讲好，是文化创新的根本，如何进行创新表现是文化创新可持续的重点。文创产品是文化的载体，以产品流通的方式将文化传播出去，实现文化的流动。

文创产品是具有一定文化背景以及具有传承性的产品。在当今时代，人们越来越依靠智能化的东西，往往会疏忽一些历史性的文化产品，所以设计师可以在文创产品设计中增加更多的趣味性以吸引接受者。中华上下五千年，文化传承是十分重要的，非物质文化遗产正是经过一代代的传承才留下来的，如陕西皮影、陕北剪纸、秦腔、苏绣等，正是通过几代人的努力将文化传承下来。文创设计是文化传承的一种方式，新时代的设计师应该投身于中国文化传承设计创新的事业中，带领中国文化走出国门，为建设社会主义现代化文化强国而努力奋斗。

图 1-15 “大京小怪”文创设计

案例分析："大京小怪"文创设计挖掘陕西代表性文化陕西八大怪和兵马俑人物，并进行结合和创新，用卡通形象塑造兵马俑 IP，动态的形式展现陕西民俗文化代表——陕西八大怪，视觉形象丰富、色彩有张力，画面有趣、生动，是对陕西文化非常好的传承和转化。

1.7 文化创新与文化传承

文化创新是在传承地域文化的过程中进行创新，以新的视觉形象和表现方式来传递文化。通过文化创新表现，形成新的文化形象载体，让更多的人、更年轻化的一代感知地域文化的美，在我们的生活中再现地域文化，这在文化的传承和发展过程中起着重要的作用。在文化发展过程中存在着传承和创新，既要保持地域文化的根本又要在形式上进行创新，挖掘出地域文化最精髓的东西，以全新的形式让大众接受。国家文化发展的宏观视野强调文化的差异性，强调保护地域特色文化。研究地域文化的创新，对于保护和发展地域文化有着积极的现实意义，能帮助我们更好地认识和理解地域文化，促进我们更好地继承、保护与发展地域文化。

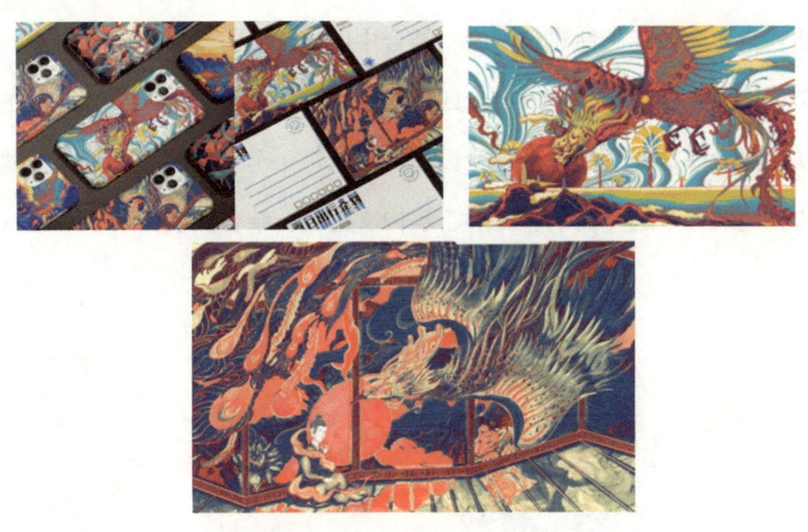

图 1-16　极界之灵文创设计

案例分析：极界之灵文创设计是由云南省博物馆中具有代表性的佛教神兽文物演变而来，以金翅鸟、青狮、白象、龙众、孔雀大明王为设计对象，画面大部分运用低明度的背景，点缀高饱和的色彩，更加集中地烘托主体；画面采用现代国潮画风，物体背后多以流线线条注重表达动态形式，符合众多年轻人的审美。

图 1-17　陕西地标建筑与二十四节气文创设计

案例分析：借鉴陕西标志性建筑原型，结合中国二十四节气文化，进行建筑与节气的融合设计。节气图形创意设计主要以二十四节气字体为轮廓，二十四节气开放的花卉为主要内容，并从春夏秋冬这四个主题来进行设计，再从每一个节气的文化习俗、物候现象入手将陕西标志性建筑元素进行提取、变形、解构、重组，结合点线面的表现形式来进行图形创意设计。

图 1-18　长安有灵文创设计

案例分析：通过对唐文化的元素进行研究分析，运用视觉设计方法将唐文化与现代产品融合创新，设计出以“长安有灵”为品牌的系列唐文化创意产品。该设计突出唐文化代表视觉符号，结合色彩的创新和视觉 IP 形象的卡通转化等方法来展现唐文化的内涵和特征，为文创产品赋予其艺术性、文化性和实用性。

2　文创产品设计的价值和意义

探讨文创产品设计的价值和意义，打造文化 IP，研究地域特色文化激活与视觉创新的意义。

2.1 文创产品设计的价值和意义

2.1.1 有艺术性

有艺术性，就是让经过设计的文创产品好看，具有独特性。一件好看的文创产品，是要通过精心设计完成的。在设计的过程中，除了要考虑实用性和趣味性，更要兼顾艺术性。而艺术性是文创产品所有特性当中最具创造性的，也是最吸引观众目光的特征。文创产品不是普通商品，不能以惯性思维去设计，更不能走捷径——模仿，而应该把文创产品作为艺术品进行设计，运用艺术设计思维，合理选择艺术元素，将典型图像、多变的色调、精绝的构图巧妙结合，兼具收藏性，从而达到一见钟情、过目不忘的效果。

图 2-1 陕西虎头帽 IP 形象设计

2.1.2 有用的产品

有用的产品，就是要让文创产品具备一定的实用功能。与传统的旅游纪念品不同的是，文创产品要具有一定的实用性。文创产品的意义在于它的纪念性，而纪念性主要通过观赏性和实用性体现。很难想象一件只有观赏性而无实用性的文创产品对消费者会有吸引力。如今的消费观念和对文化的感悟方式已今非昔比，消费者更愿意接受参与性更强的体验式消费，即在实际生活中通过使用一件文创产品来满足某种现实需要。在反复使用的过程中，一方面可以延长受众对文创产品的体验经历，另一方面可以不断强化消费文化的快乐感受，从而使文化不再仅仅束之高阁供人观赏。

2.1.3 有趣的设计

有趣的设计，是文创产品首先要体现的特点。当今，走进博物馆接受文化消费的人群以“80 后”为主体，而能够主动购买文创产品的人群又集中在“90 后”“00 后”，“90 后”“00 后”群体具有理念活跃，接受新观念快、网络思维丰富、善于打破常规等特点，喜欢追求“潮”“萌”“酷”“搞笑”等流行元素，因此，在文创产品上能够体现出“有趣”的特点，就能够首先吸引住消费群体的眼球，赢得市场。

2.1.4 有助于传统文化的传播与传承

对传统文化的传承是当下文化传播的重要任务之一。传承最好的办法便是使用和推广。有众多具有历史价值与文化内涵的文物陈列在博物馆之中，但是距离人们的实际生活非常遥远，无形中与人们产生了距离。提到这几年火爆的文创，大多数人都会想到故宫文创。故宫文创能大火的原因，就是使文化“活”起来，融入我们的生活中，让用户可以摸，可以用，可以体验，增加实用性，增强体验感，加入流行元素更好地活化那些具有历史重量的文化。满足大众需求是文创产品设计的首要条件，流行元素的引入，赋予文化和历史以独特的创意载体，并逐渐走入百姓生活。近几年在国家政策的支持和引导下，文创产品的开发成为设计界的热门讨论话题，文化+创意是地域文化发展和传播的助推器。

2.1.5 有助于地域文化的传播与传承

随着我国旅游业的发展与繁荣，产生了众多的文创产品。衍生的文创产品最具吸引力的地方就是旅游地区的地域特色与地域文化的传递。在地域文创产品中加入流行元素也使产品更具时代特色，如西安兵马俑文创产品设计——《兵马俑也爱疯》，采用网络弹幕作为广告文案的排版形式，拉近与受众距离，还使用“是兄弟挺你”“酸到变柠檬”“见钱眼开”等主题，运用现代涂鸦手绘的形式来展现兵马俑形象，一改兵马俑在人们心中冷漠僵硬的印象，使其更具有人情味和流行气息，设计出来的手机壳受到受众的喜爱。可见巧妙地运用流行元素就像破译了与当下消费者沟通的文化密码，这样的形式与地域文化的巧妙融合，使设计出来的文创产品更易走入消费者心中，能够为当地文化传播和经济发展起到积极的推动作用。作为文化产业的重要组成部分，创意设计是推动优秀传统文化创造性转化和创新性发展的重要媒介和手段，同时也是社会大众了解历史、了解文化的一个新窗口。文化+创意的过程有五个步骤（如图 2-2）。

图 2-2　文化+创意步骤图

图 2-3　陕西千阳刺绣视觉形象提取

案例分析：该设计是利用千阳刺绣中具有特色的五毒与福禄寿喜为原型进行创作，融入了纹样和具有美好寓意的花卉在图案中，图案色彩采用千阳刺绣原本的色彩特征鲜明的颜色，给人温暖愉快的感觉。在形式表达方面，打破原有的思维模式进行创新但又不丢弃原有千阳刺绣的传统文化，通过对千阳刺绣视觉创新将千阳刺绣带入大众的视野，让更多的人了解千阳刺绣，欣赏千阳刺绣的美。在应用创新方面将创新形象应用到抱枕、卡片、拼图、贴纸、手机壳等载体，将其融入广大民众的生活中。秉着对中国传统文化的尊敬与热爱的初心，将优秀传统文化遗产继承发扬出去。

2.2 打造文化 IP

现在大家都在说文化 IP，IP 是什么？IP 是 Intellectual Property 英文缩写，原意为知识产权。伴随着新媒体的崛起，文化 IP 已经成为一种文化产品之间的连接融合，有着高辨识度、自带流量的文化符号。可以是一个故事，一栋建筑，一个产品，一个角色，一部电影，一件衣服，一个游戏……IP 代表着某个品牌，某个无形资产，通过创意、设计、商业运作转化为消费品和延伸品，形成与原文化 IP 相互支撑、相互融合的生态链条。但是现在有的文化 IP “泛滥”，有的太过雷同，有的过度消费，不利于 IP 品牌的长期发展和持久性建设。要打造精品 IP，就要注重文化的质量与价值，创造既能传递文化价值又能让人们喜闻乐见的形象和品牌。

2.3 “激活与创新”地域特色文化视觉创新的意义

21 世纪以来，中国迎来品质消费的时代，文创的潮流也随之而来。文创产品在文化消费中的比重逐渐增加，成为新一代的消费热点，甚至逐步占据文化消费的主导地位。然而目前国内的文创产业处在快速发展阶段，以消费者为核心，打造属于自身的 IP，将会是重中之重。文创产品是指依靠创意人的智慧、技能和天赋以及视觉提取表现，对文化资源、文化用品进行创造与提升，通过知识产权的开发和运用，而产出的高附加值产品。文创产品是通过创意让一件产品（可能是一件小物品、一道菜、一家店、一个场所等），附加上超出用户期待的价值，让用户心甘情愿地接受其价值。

“激活与创新”地域特色文化视觉创新文创产品最大的意义在于浓厚的生活性，浓缩文化的精髓，好看、好玩、好用。

图 2-4 陕西八大怪 IP 形象设计

3　文创产品设计策略和重点

分析文创产品的设计策略、文创产品设计的重点，理解激活与创新的意义。

3.1 文创产品设计的策略

3.1.1 理解文创的“创”

文创的“创”可以理解为“创意”“创新”“创造”，优秀的文创产品设计离不开设计师特有的好的创意、创新意识、创造意识，需要将传统文化的美加以创新，结合现代的审美观念以及科技发展水平创造出有创意的文创产品。将传统文化结合现代热点话题和热门词汇，以新的视角展现多元文化，更容易引起共鸣和关注。

图 3-1 “秦皇俑”IP 表情包

3.1.2 文创产品设计的策略

文创产品设计追求的不仅是造型和美感，更需要设计师把故事的能量通过自身的认知灌输到产品当中，这样设计出来的文创产品具有情感、感染力、故事感，能更持久地将文创品牌发展下去。优秀且能引起大众共鸣的文创产品设计是需要以文化的底蕴、正确的价值观等作为基础的，用好的创意结合现代科技、美学观念，才会设计出优秀的创意产品，保证有质量的输出。

图 3-2 “秦皇俑”IP 表情包

3.2 文创产品设计的重点

3.2.1 增强实用性

增强文创产品设计的实用性，设计与大众生活息息相关的实用性文创产品。实现文创产品的生活应用价值，满足人们日常使用的需求，才能使文创产品能够有推广的空间，既能“看”又能“用”。

3.2.2 突出文化内涵

文创产品是传播文化的载体，能够满足人们的情感需求。以创意为核心、以文化为基础，才能展现文创产品的魅力。

图 3-3 陕西瓦当与建筑结合视觉设计

3. 3 文创产品现状和存在问题

我国的文创产业还在起步阶段，存在一些问题，表现在文创设计趋于雷同，缺乏个性化设计创意和有效的设计思路，对文化的挖掘还不够，文创设计多以原形象再现为主，在设计转化和设计创新方面还不够突出，展现形式较为单一，形式不新颖、设计不够时尚等。这就需要更多更新的视觉形象、更具人性化和温度的文创设计产品，吸引更多的年轻受众群体。

以博物馆文创产品设计为例。随着旅游业的迅速发展，旅游产品的需求结构已经发生了变化，旅游者在旅游活动中更加注重特色化、可参与性和文化性。旅游活动的文化消费、体验消费倾向越来越明显。故宫这个巨大的 IP 推动了整个博物馆文创产业的快速发展。淘宝上以故宫为主题的文创产品数不胜数，线下商店的销售额、总营业额居高不下，文创产品极其畅销。故宫文创是成功的，有很好的社会影响力和受众。但是仅仅有故宫文创这样成功的案例还不够，随着文化旅游产业的快速发展，旅游纪念品作为博物馆的衍生产品，其地位越来越重要。在经济发达国家，旅游纪念品的销售利润占旅游收入比重很大。在我国各个地区情况不一，会出现文创产品设计过于粗暴简单，缺乏一定的实用性和生活化，很少与真正的大 IP 结合起来，缺少特色产品。相比而言，国内旅游纪念品在旅游产业收入中所占的比重与发达国家相比还有较大差距。

中国在文创产品设计方面有着深厚的文化底蕴支撑。今天，我们能够认识到文化的力量是一种非常重要的生产力，它可以引导有文化情怀和一定文化价值观的人消费，以促进文创产业的发展。从这个角度看，文创产业所产生的经济效益不容忽视，这是一定要重视起来的。旅游文创产品需要选择合适的文化来进行开发设计，要选择与当地特色相符合的元素，以全新的视角去诠释，以崭新的视觉形象来传递。

4　陕西地域特色文化梳理

梳理陕西有代表性文化，分析陕西文创现状和文创特色，提取比较有代表性的地域文化线索。

4. 1 陕西地域特色文化资源归纳分析

陕西有着丰富的文化资源和丰富的文化元素，将特色文化元素运用到创意产品设计中将能更好地被大众接受，更好地展现陕西文化魅力，更好地传承陕西特色文化。对陕西地域特色文化资源进行分析汇总，概括出比较具有代表性的陕西地域特色文化，如表 4-1 所示。

表 4-1 陕西地域特色文化资源归纳分析一

特色文化资源	归纳分类	特征
民俗型文化资源	关中皮影	关中皮影是非常古老的传统戏剧艺术形式之一。陕西关中皮影在全国久负盛名，除了表演时豪迈、厚劲、高亢的唱腔外，皮影还制作精美，引人入胜。关中皮影刻绘善于动用洗练的轮廓造型，夸张的装饰纹样，疏密相间、虚实有致的手法，精致缜密的雕镂功夫，以表达剧中人物的相貌、身份、衣着和性格，形神兼备，深刻感人
	陕北秧歌	陕北秧歌是流传于陕北高原的一种具有广泛群众性和代表性的传统舞蹈，又称“闹红火”“闹秧歌”“闹社火”，历史悠久，内容丰富，形式多样
	民间社火	民间社火是春节期间流行于民间的一种自演自娱的活动，远古人们认为火也有灵，并视之为具有特殊含义的神物，加以崇拜，于是形成了崇尚火的观念。有血社火、火社火等形式
	榆林小曲	流行于陕北榆林地区的曲艺唱曲形式，相传由明代驻扎在榆林一带的军官蓄养的歌伎从江南带来
	合阳提线木偶戏	至今活跃着的一个“起于汉而兴于唐”的稀有传统剧种。表演时动作全部靠演员手中的细线悬控木偶完成，具有秦人秦地的风采和特点
	凤翔木版年画	凤翔木版年画是中国传统民间年画的一大流派，始于唐宋，盛于明清，被国外收藏家赞誉为“东方智慧的结晶”，在世界各著名博物馆皆有收藏
	凤翔泥塑	凤翔彩绘泥塑是陕西省宝鸡市凤翔县的一种传统民间艺术，当地人俗称泥货。当地老乡购泥塑置于家中，用以祈子、护生、辟邪、镇宅、纳福。六营村的脱胎彩绘泥偶由此出名，并代代相传，成为中国民间美术中独具特色的精品，在国内外享有盛誉。凤翔泥塑汲取了古代石刻、年画、剪纸和刺绣中的纹饰，造型夸张，色彩鲜艳，深受人们喜爱
	户县农民画	户县是文明中外的农民画之乡，农民画取材于人物、动物、花鸟等，采用白描形式，想象大胆丰富，讲究装饰性，注重色彩效果，直观生动
	合阳面花	又称“花馍”“花馒头”，是广泛流传于民间的一种风俗礼馍，也是艺术性极高的传统艺术品。它既有可看的观赏性，又有可吃的食用性，久负盛名

表 4-2 陕西地域特色文化资源归纳分析二

特色文化资源	归纳分类	特征
社会型文化资源	方言	陕西方言主要分为关中话、陕北话、陕南话，其中关中话也是陕西话的代表，如“忒色”“么嘛哒”“撩滴很”
	美食	陕西美食非常丰富，以面食为主，如牛羊肉泡馍、腊汁肉夹馍、陕西凉皮、岐山臊子面、荞面饸饹、肉丸胡辣汤、油泼辣子、油泼面、冰峰、水盆、锅盔、甑糕、擀面皮等
	特产	陕西物产丰富，有很多具有代表性的特产，可以送亲朋好友，如陕北红枣、石头馍、镇安大板栗、临潼石榴、柿子饼、眉县猕猴桃、耀州瓷、西凤酒、水晶饼、紫阳毛尖、丹凤葡萄酒、核桃、陕北小米等
	陕西十大怪	陕西民间有陕西十大怪的说法，主要是指关中地区人们的生活状态，非常形象和生动地概括了关中民俗风貌。如面条像裤带、锅盔像锅盖、油泼辣子一道菜、碗盆难分开、手帕头上戴、房子半边盖、姑娘不对外、不坐椅蹲起来、睡觉枕石块、秦腔不唱吼起来等
	生活习俗	陕西关中地区以面食为主，性格粗犷豪爽、热情
	春节习俗	扭秧歌、逛庙会、耍社火、看大戏等
	商贸与生产	典型的北方农耕核心区，农业为支柱
博物馆型文化资源	陕西有着丰富的博物馆文化，如陕西历史博物馆、秦兵马俑博物馆、碑林博物馆、汉阳陵博物馆、半坡博物馆、梁睿遗址博物馆、西安博物院、非物质文化遗产博物馆等	

4.2 陕西地域特色文化创新的意义

越来越多的省份正在重新打造形象与口号，让其融入文化和旅游两方面的特质。致力于打造出本省最具有代表性的文化符号，进行城市形象再创新，使城市更具文化内涵。2019 年是文创大爆发的一年，更多的线上访问，更多的网红产品，更多的文创 IP，流量高、年轻化、转化率高成为文创上网的动力。文创产业的发展带动了旅游业的发展，促进了经济的发展。文创产业不断蓬勃发展也是形成文化品牌和彰显文化自信的途径。文创产品区别于大多数一般产品的特殊性主要在于它的文创内容，这是文创产品的核心价值。陕西有着丰富的文化资源和丰富的地域特色文化元素，将特色文化元素运用到创意产品设计中将能更好地被大众接受，更好地展现陕西文化魅力，更好地传承陕西地域特色文化。

图 4-1　“美好的新年”礼盒品

4. 3　陕西民俗文化创新的意义

4. 3. 1　民俗文化的表现

民俗既是社会意识形态之一，又是一种历史悠久的文化遗产。民俗文化是民间民众的风俗文化的统称，也泛指一个国家、民族、地区中聚居的民众所创造、共享、传承的风俗习惯，是在普通人民群众的生产生活过程中所形成的。由于民俗文化的集体性，民俗文化增强了民族的认同，强化了民族精神，也彰显了各地域间的文化差异，这是民俗文化得以形成的核心线索。

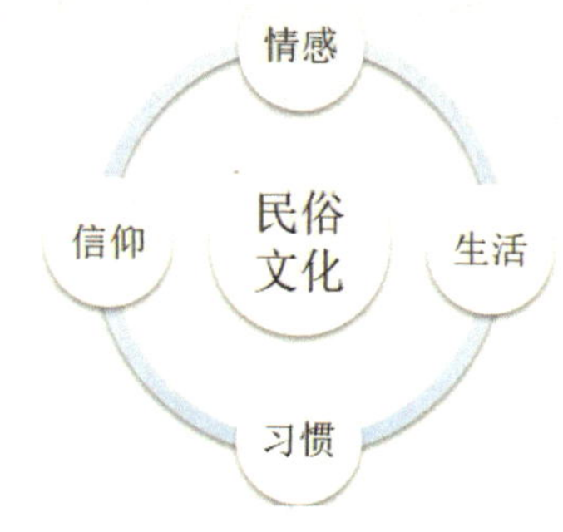

图 4-2　民俗文化线索

民俗涉及的内容很多，它所研究的范围仍在不断拓展。就今日民俗学界公认的范畴而言，民俗文化包含的内容如图 4-3 所示。

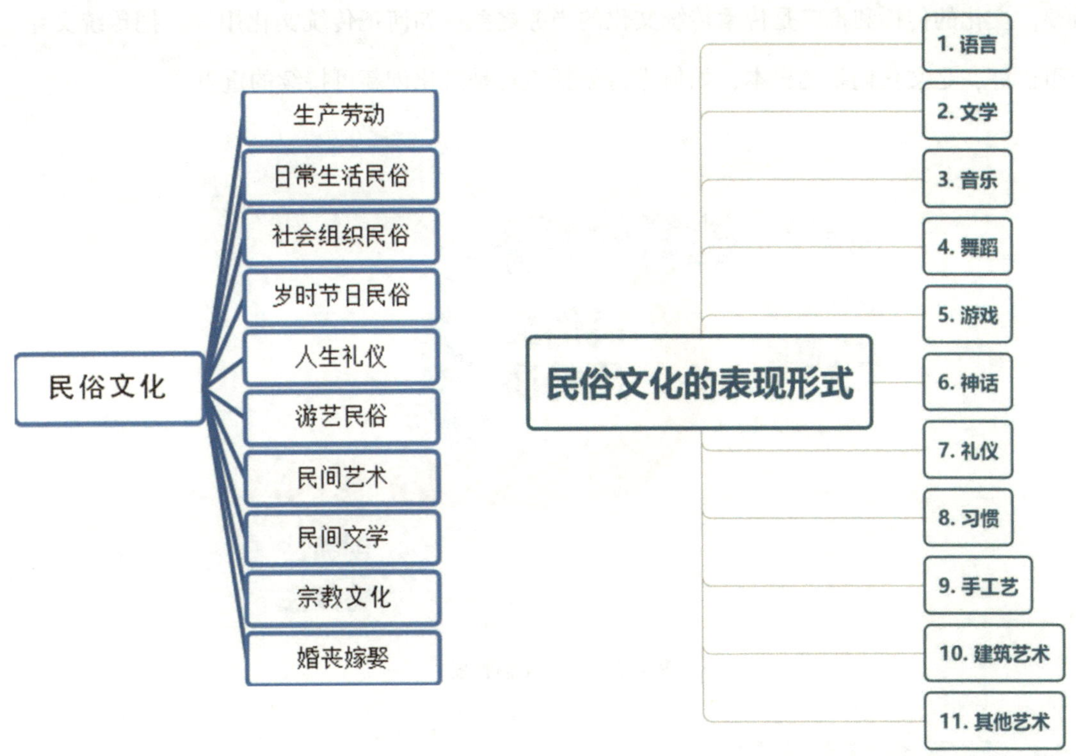

图 4-3 民俗文化包含的内容　　**图 4-4 民俗文化的表现形式**

民俗文化的表现形式也是丰富多样的，包括语言、文学、音乐、舞蹈、游戏、神话、礼仪、习惯、手工艺、建筑艺术及其他艺术，如图 4-4 所示。民俗文化丰富多彩、表现多样、分布广泛，以顽强的生命张力，呈现出满足人类生活需求的审美趋势。这种体现了人类智慧结晶的本源文化，在赋予了国家和地域新的文化标识的同时，也汇聚了人类社会发展中的各种信息。民俗文化的再挖掘和再创新成为当今世界文化多样化的重要资源，也是现代设计的精神依托。

4. 3. 2　民俗文化与文化传承

民俗文化是依附于人们的生活、习惯、情感与信仰而产生的文化，文化内涵与表现形式极其丰富，是我国传统文化的精髓。我国当代著名的文学家、民俗学家张紫晨先生认为："民俗文化是一个国家一个民族历史传承下来的民间文化现象。特别是在人们所创造的物质文化和精神文化当中带有传承性的行为、生活习惯、思想意识等。"他强调了"传承性"，现在民俗文化寓意的淡化使得地域间趋于同质化，因此传承、发展民俗文化非常重要。文化的传播和推广是传承传统文化的当务之急，如何把传统文化用好，把传统文化故事讲好，是文化创新的根本，如何进行创新表现是文化创新可持续的重点。

图 4-5　民俗文创特质

4. 4　陕西地域文化的特点

在中华民族五千年的文化版图中，陕西是一块既具有共性又具有独特个性的文化板块。陕西被公认为是中华文明的重要发祥地之一，陕西文化代表了中国文化的共同特点，而特殊的地域环境也使陕西形成了独特的文化特点。

4. 4. 1　历史悠久，文化灿烂

陕西是中华民族光辉灿烂的古代文明发祥地之一。大约在 100 万年前，蓝田猿人就生活在这块土地上，开始制造和使用一些原始的工具，采集果实和狩猎。4 万 ~ 3 万年前，关中地区的原始人逐步进入氏族公社时期。半坡遗址就是 6000 年前母系氏族公社繁荣时期社会生活的真实写照。在这里发现了彩陶文化，还发现了类似早期文字的刻画符号，也发现了人类早期祭祀的石柱，反映出当时祭祀文化的发达。

由于黄土高原和渭河水文环境的影响，陕西是中国农业生产开发最早的地区之一。大约在 6000 年前，半坡人就在这里从事农业生产、饲养家畜、打猎捕捞、采集果实等劳动，当时种植的谷物主要是粟。

华胥文化、炎黄文化在陕西留下了重要的遗迹和影响。中国五千年的文明是从黄帝、

炎帝开始的，海内外华人也都将黄帝和炎帝作为中华民族的祖先。中华民族的人文初祖轩辕黄帝的陵墓位于陕西黄陵县，另一位人文始祖炎帝的故里位于陕西宝鸡市，炎帝陵也位于宝鸡市。这两位始祖的圣迹都位于陕西境内，加之后来西安成为中国古代王朝都城的代表，因而这里成为中华民族根的象征和精神家园。

中国历史上最辉煌的周、秦、汉、唐四个朝代，都建都在陕西。长期的帝都历史为陕西留下大量的文物古迹，随处可见古代城阙遗址、宫殿遗址、古寺庙、古陵墓、古建筑等，因而被誉为“中国天然历史博物馆”。著名的文化遗存包括：被誉为“世界第八大奇迹”的秦始皇兵马俑博物馆、华夏人文始祖轩辕黄帝陵、供奉释迦牟尼真身舍利的法门寺、中国历史上唯一一位女皇帝武则天及其丈夫唐高宗李治的合葬墓——乾陵、保存最完整的古代城垣——西安明城墙、中国最大的石质书库——西安碑林等。

4.4.2 民族文化的主流地位

陕西是中国历史上建都朝代最多和时间最长的省份，其文化具有辐射性，是民族文化的主流，为中华文明的创立和发展作出了杰出贡献。

公元前 11 世纪，周武王灭商，在陕西建立了第一个全国性的政治中心——西周王朝。此后，又有秦、西汉、新莽、东汉、西晋、前赵、前秦、后秦、大夏、西魏、北周、隋、唐等 13 个王朝先后在陕西建都，时间长达 1100 多年。由此形成了陕西独特的都城文化和帝陵文化，中华文明与外来文明在这里不断碰撞、不断融合、共同发展。道教、佛教、儒家思想等都能在这里生根开花，陕西为中华民族创造了辉煌的历史文明，留下了丰富、宝贵的文化。

4.4.3 开放的文化

陕西是对外开放最早的地区之一。大约在 3000 年前，陕西长安就同许多国家有政治和经济等方面的交往活动。著名的“丝绸之路”就是以古长安为起点的。从两汉时期起，就以长安为中心，同南亚、西亚、欧洲各国进行政治、经济、文化交流。

4.4.4 丰富的民俗文化

陕西历史悠久、民风质朴，从古至今流传并继承了许多灿烂的文化艺术产物，民俗文化丰富而独特，其丰厚的历史底蕴，孕育了多姿多彩、瑰丽奇特的民俗文化。秦腔、皮影、陕北剪纸、陕西八大怪、三秦美食、合阳面花、关中社火、泥叫叫、马勺脸谱、凤翔泥塑等都是陕西日积月累的历史文化结晶。陕西人的方言文化是一种精神，更是一种生活方式。从T恤到背包，从冰箱贴到杯子，这些文创产品上印制了不同含义的方言，这些产品连接了古与今。“咥”是吃的意思，“豁沸”是喝水的意思，“戳哈”是坐着的意思……设计将方言和民俗结合，应用到生活中去，可以更好地传播陕西特色文化。

图 4-6　“始皇的口音”文创设计

4.5　陕西传统民俗文化发展状况

陕西作为十三朝古都的历史发祥地，集文化之大成，融合为一体展现在现代人面前。陕西具有区域地理相对封闭的特点，这就使一些原生态的民俗文化能较完整地保存下来，将其开发为旅游参观地，在带给人们文化观赏的同时还能欣赏到古代的韵味。陕西具有资源类型丰富、文化兼容且浓烈、风俗的古老性明显等特点。陕西民俗文化囊括了联合国教科文组织在“非物质文化遗产”方面所划分的所有类型，有口头传说和表达、表演艺术、社会风俗、礼仪、节庆、传统手工艺技能等方面，是中华民族文化的核心，因此在文化兼容方面表现尤为突出，并且表现出极强的历史悠久性和地域文化性。但是目前陕西传统民俗文化还只是在陕西地区比较有名，认可度较高，推广力度还不足，年青一代的认可度较低，可在日常中使用的产品较少，因此需要对陕西地域有代表性的民俗文化进行分析、深度调研，与非遗传承人直接对话并提取精髓，对民俗文化进行现代视觉创新，使之融入文创产品中，拓宽使用面，提高知名度，增加受众人群，以更好地弘扬传统文化，传播陕西民俗文化，讲好陕西故事。

图 4-7 陕西民俗文化

5　陕西文创产业现状及文创产品案例分析

分析陕西文创产业现状和代表性文创产品案例。

5.1 陕西文创产业现状

陕西文创产业现状可从陕西政策支持、陕西文创产业基础和陕西地域特色文创产品存在的问题三个方面来分析。

5.1.1 陕西政策支持

近几年，陕西省在政策上为文创产业推进提供了诸多帮助。陕西省政府近年来相继制定出台了《中共陕西省委关于繁荣发展社会主义文艺的实施意见》《关于推进中华优秀传统文化传承发展工程的实施意见》等文件。2017 年 8 月，陕西省人民政府印发了《陕西省“十三五”文化和旅游融合发展规划》的通知，结合本省文化特色和资源分布，提出了加快构建“两核十区”的融合发展格局，将“十区”的重点文化与旅游融合发展，建造具有陕西省特色的融合发展格局。

5.1.2 陕西文创产业基础

西安作为我国历史上定都王朝多、影响力大的都城，既是中国传统文化的中心，也是我国文化的典型代表。2017 年，“中国金粟山丝绸之路文创产业国际论坛”围绕中国创意力量、高校文创使命、文化版图及文创产业标准化等内容进行了深度交流。借助上述基础，从陕西文创类产品切入，可以有效串联地处丝绸之路经济带核心地带国家，打开迈向中亚、西亚和欧洲的通路，促进陕西文化产业转型升级，进一步深化“陕西梦”与“世界梦”的联系。

虽然陕西省文化产业发展迅速，但与文创产业领先城市相比仍有差距。陕西文创产业增速快但总量低，居民文化消费水平仍不足，产业结构有待进一步完善和调整，高端人才引进和培养方面也亟须加强。

5.1.3 陕西地域特色文创产品存在的问题

陕西有着丰富的民俗文化底蕴，但是起步比较慢，文创产品比较少，推广力度不足，需要继续扩大文化的挖掘和推广。

（1）文化元素单一

陕西文化底蕴比较丰富，文化资源得天独厚，但目前文创产品表现的文化点较集中，主要集中在唐文化、秦文化中，民俗类主要集中在凤翔泥塑、马勺脸谱、八大怪等几方面，其他文化体现不多，知名文创品牌数量少，文化性和实用性没有完美结合，专业性人员相对较少。

（2）创新不足

目前市面中大多数的文创设计集中在旅游纪念品中，大多是直接将文化元素印在包装上，而没有进行创新设计。随着受众消费心理的日趋成熟，满足受众多方面消费需求的创新型文创产品才能让受众印象深刻，激起消费者的购买欲。要把用户放到文创产品设计的中心，针对这些潜在受众需求的特点选择设计策略和方法，这样才能使设计出的文创产品具有足够的吸引力和影响力。

5.2 陕西文创产品案例分析

5.2.1 “陕西印象”视觉创新设计

图 5-1 “陕西印象”视觉创新设计

案例分析：主体采用陕西秦腔花脸脸谱和陕西民间刺绣虎头鞋进行创意组合，下方融合了龙舟的设计，后方采用了陕西庙会的元素，有铃、烟，以及古时的太极八卦和旗帜等，背景用点、线和肌理效果给人带来纵深感和视觉冲击力，整体颜色大胆明亮，给人一种古今民俗结合的视觉感受。

5.2.2 “旬邑剪纸”文创设计

图 5-2 “旬邑剪纸”文创设计

案例分析：“旬邑剪纸”是陕西非常出名的民间艺术，该设计中结合现代的设计方式，分别从旬邑彩贴剪纸的造型、色彩、构图等方面进行文创产品设计。对其中具有代表性的石榴、花卉、蜘蛛等图形元素进行提取和再设计，在色彩上，融入渐变配色，承色异彩，使整体更加现代；构图上采用对称式构图，画面饱满充实，视觉冲击力强，将民族文化与现代艺术相结合，设计出更深层次的视觉表达。并且将设计好的图案应用于滑板、手表上，将图案与产品进行完美的融合，使我们的民间艺术更好地融入人们的生活，更好地传承中国传统民间艺术。

5.2.3 陕西方言“秦川字典”文创设计

图 5-3 陕西方言“秦川字典”文创设计

案例分析：将陕西方言特色话（如“谝”等），根据语言特色设计字体并结合陕西特色视觉元素设计全新的文创设计作品，应用在日常器物上，重现故乡方言的温暖，给当代紧张忙碌的生活增添些许温情，同时也表现陕西人乐观的生活态度。

5. 2. 4　“秦亲宝贝”文创设计

图 5-4　“秦亲宝贝”文创设计

案例分析：“秦亲宝贝”是通过对秦始皇陵出土文物兵马俑的艺术造型和文化内涵进行吸收和再创作所设计出的系列 Q 版卡通人物形象。整体上归纳保留了兵马俑的主要特征，包括秦人特有的丹凤眼，秦兵独有的头冠、轻甲、服饰等。这种创新设计，使秦亲宝贝既拥有了 Q 版卡通人物的特点，又保留了兵马俑极具魅力的艺术造型。主色彩选用蓝色，比较符合兵马俑的形象。结合陕西关中民俗文化“八大怪”，以其“古风古韵古长安”的独特魅力，成为外地游人探寻的一大热点。

5. 2. 5　“城墙系列”文创设计

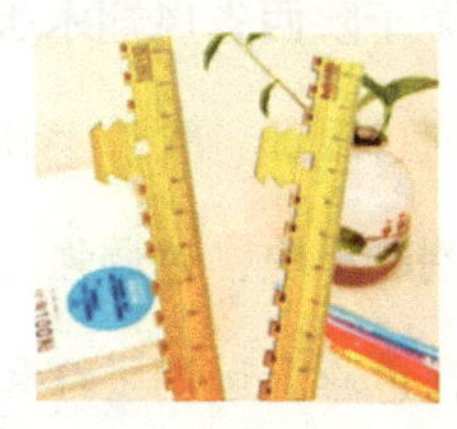

图 5-5 “城墙系列”文创设计

案例分析：文具尺子造型是复古的城墙，镂空的雕刻精致美观，城墙永宁门有着“礼仪国门”“文化国门”的美誉，而把永宁门做成纸模，不仅是为了给喜爱城墙的人们留下美好记忆，更是为了表达城墙对来自各地的朋友真诚的欢迎。

5. 2. 6 “延安精神”文创设计

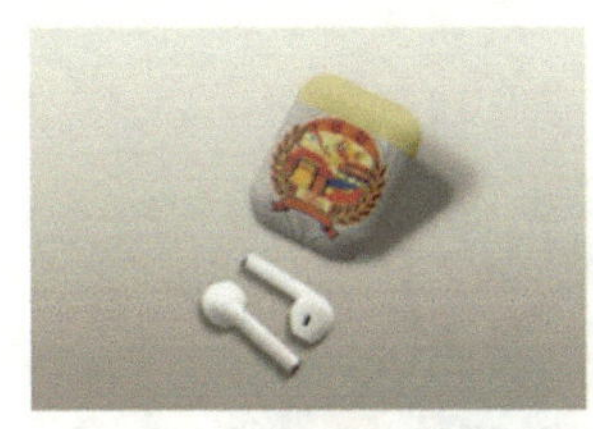

图 5-6 “延安精神”文创设计

案例分析：以陕西特色文化视觉创新设计为主题，选取蕴含陕西历史红色文化相关内容，以陕西地域特色文化为背景，通过使用色彩、图形元素提取进行视觉形象创新设计。设计选择具有延安精神的文化元素，通过视觉再创作的形式用图形语言进行传达，以新的创新视觉符号的形式展现出延安精神红色文化的视觉形象。

5. 2. 7 陕西凤翔木版年画视觉创新设计

图 5-7 陕西凤翔木版年画视觉创新设计

案例分析：设计来源于陕西省凤翔木版年画门神，采用分割、重组和再创作的形式美法则，主要将门神的形象通过眼部、腰、手和脚的部分进行特写。画面主要采用黄色、橙色和绿色对比表现，把画分割成小块，色调强烈响亮，紧凑有力生动地表现紧张、热情、充满冲突的夏日闹腾的气氛。在色彩上运用了红和绿互补色的搭配，整体呈现出暖色调，突出木版年画的色彩特征，体现出门神用于驱邪避鬼，卫家宅，保平安，助功利，降吉祥等。

5. 2. 8　陕西印象之兵马俑视觉创新设计

图 5-8　陕西印象之兵马俑视觉创新设计

案例分析：画面采用赛博朋克风格，将兵马俑形象进行视觉创新，以全新视角和色彩搭配展现新的视觉形象。画面兵马俑形象新颖，辅助图形丰富，画面更具新意。

5. 2. 9 陕西“泥叫叫”视觉创新设计

图 5-9 陕西“泥叫叫”视觉创新设计

案例分析：设计灵感来源于陕西“泥叫叫”，又名“娃娃哨”，是一种传统的民间工艺品，主要用于儿童玩具和民间祭祀，具有很高的艺术价值。“泥叫叫”作为可以吹的哨子，五颜六色，外表涂上油后，又黑又亮又好看，适宜儿童玩要。“泥叫叫”有很多种，如鸟哨、鱼哨、猪哨等。“泥叫叫”是一种传统的民俗手工哨子，曾经也是关中地区儿童喜爱的玩具之一，被列入陕西省非物质文化遗产项目名录。该设计保留“泥叫叫”的视觉主形象和色彩，将几何元素分割、重组和再设计，形式新颖，视觉独特，既保留了传统的元素，又给人新的视觉感受，呈现出新的视觉形态，通过新的文创产品载体，传承陕西地域特色文化。

6 陕西地域特色文创设计方法

梳理陕西地域特色文创设计的方法，从视觉符号、色彩、表现形式、传承创新等角度总结可以运用在视觉创新中的一些方法。

创新不是新鲜话题，每个时期都有不同的创新主题。当我们面对快速变化的时代时，如何应对时尚与传统文化形象创新设计的碰撞，如何运用现代审美的辨识度把地域文化精神融合在视觉形象中，是我们要研究的主要内容，也是现代传承和传播文化需要研究的内容。

6.1 视觉符号创新

视觉形象是文化的外在表现形式，形象的建立通过视觉符号表达，视觉符号是最直接、最便于记忆的一种方法。陕西文创设计的视觉符号既要考虑传统文化的意义和价值，又要能够打动人，使受众产生共鸣并符合现代人的审美，这就需要在形式上创新。这个创新不是要摒弃传统的文化，而是要提炼精华，从现代设计的视角找到新的切入点以崭新的视觉面貌呈现新的视觉形象，运用专业的设计理念，结合中国美学的思想，抓住传统文化的核心，在文创设计中传递出文化精神。陕西文化丰富多彩，在视觉符号创新的过程中需要找到具有代表性的经典形象进行分析、研究、判断和想象，将原有形象进行取舍、提炼、再设计，保留和完善文化最根本的部分，并在此基础上进行形象的概括、夸张、变形、对比、重组，并将现代几何元素融入，形成新的视觉冲击力，符合现代设计的审美和现代设计应用，形成新颖、现代、变化丰富的视觉形象。如，以陕西皮影为元素的现代礼品设计，将皮影形象概括、分解，将元素重新装饰组合，加入几何纹样进行视觉的补充，增加了视觉的丰富性和现代感，既保留了传统陕西皮影的主要造型特征，又增强了设计的现代感，创造出新的陕西伴手礼形象设计。

6.2 色彩的创新

色彩是视觉形象最快捷的传递，也是情感的一种直接表达方式。陕西特色文化视觉形象创新在色彩设计上既要保留原地域文化的主要特点，也要有色彩上的大胆创新，这样才能既展现传统文化的美感又有全新的视觉感受。

6.2.1 色彩的保留与取舍

保留与取舍是设计师经过对地域文化的分析，根据文创产品的形式决定如何保留原有色彩和如何取舍色彩的过程。如以陕西宝鸡民间社火马勺脸谱为元素进行的现代文创设计中，需要保留绚丽的色彩、淳厚的风格，色彩浓郁、大胆、鲜艳，作品才能凸显浓郁的民俗特色，充分显示出广大劳动人民丰富的想象力和非凡的智慧，但是在色彩的面积分配上需要进行再设计，突出主要色彩并进行重新布局，对主色彩进行夸张处理，在保留丰富的民间色彩的同时具有视觉冲击力，增加丰富的辅助色彩，融入不同层次的灰色系，丰富视觉效果，调节色彩之间的平衡关系。

6. 2. 2　色彩的对比与变化

对比与变化是设计原理中常用的方法，也是最能展现出视觉张力的一种形式。通过对比产生出的变化能引起人们的注意和兴趣，也能突破原有民俗文化纪念品的传统形式，是现代文创设计中非常重要的设计方法。以陕北剪纸为元素进行的现代文创设计为例，造型上可以保留剪纸的造型元素，色彩上突破常见的红色，以黄色、蓝色这些大胆的对比色进行视觉形象创新，视觉习惯上打破原有的色彩印象，形成强烈视觉对比，具有新颖、独特的视觉效果。

6. 3　表现形式创新

文创依靠设计师的智慧、技能对文化资源、文化用品进行创造与提升，通过对陕西特色文化的开发和创新而产出的高附加值产品，更容易被大众接受，符合时代发展。文化产品基本含义是由文化产业相关人士或者部门创作的，以文化或艺术为主要内容，能够满足人类精神需求，反映社会意识形态，满足大众娱乐的文化载体，其特征表现在象征性、创新性、意识形态性、价值的永恒性几个方面，特殊属性为无形性、公共属性、娱乐属性、超前性、垄断性。形式的创新更能引起人们的兴趣，可见创新是文创产品设计的核心，需要我们在形式上进行不断的创新和深入挖掘，符合现代设计的需求，如，以陕西民俗文化“凤翔泥塑”为原型的微信表情包设计，运用凤翔泥塑形象特征做成各具风格的表情形象，既生动形象又具有实用性，在现代传播媒介中起到传递陕西地域文化的作用；又如，以陕西方言为元素的文创设计，对陕西方言进行提取，抓住最具特点的陕西方言特色，进行视觉形象设计，应用在文创设计中，既传播陕西方言文化又生动有趣，深受年轻人的喜爱。

6.4 用现代设计传承民俗文化

民俗文化更具代表性和人情味，要更好地推广陕西民俗文化，成功地将民俗文化与现代设计融为一体，创作出富有时代气息的优秀设计作品，首先要做的无疑是了解民俗文化所包含的内涵。可以总结出民俗文化的三个显著特征。

图 6-1 陕西花馍视觉创新设计

一是风俗性，民俗文化完完全全融入了民众的生活当中，不是某一个人的创作，而是根据一种约定俗成的需要集体创作、加工而成的，要保留最原始的民俗风格。二是大众性，其表现状态、表现方法要明了易懂。三是传承性，民族的就是世界的，要将最优质的民俗文化用现代的设计方法传播出去，让大众能接触到陕西民俗文化，才能更好地理解和接受。因此，从民俗文化的这三个特征中我们不难发现它与现代设计的紧密联系。现代设计是通过形象化的艺术方式，全力推广有时代特征的文创产品，将设计融入生活的一种方式，它是与时代紧紧联系在一起的，把民俗文化与时代相结合，创造出与时代共同跳动的脉搏，让更多受众感受陕西民俗文化的魅力。

图 6-2　陕西花馍视觉创新设计

6. 5　在设计中融入几何元素

在常规的插图绘画设计中，几何图形形态展现理性美感。不同的元素进行组合，在不同的产品造型中的表达效果及带给用户的心理作用也会不相同。因此，灵活地运用几何学的手法就是设计师表达文化元素的利器之一。科学的设计不仅不会限制你的创意，而且会帮助作品通过几何化的规范表现后，更加带有艺术气息，设计效果更加现代，更简洁、耐看。

文创产品设计中我们常常会采用基本几何形态的组合延伸，展示几何的多元化灵动造型。不规则的几何图案可以构成产品的风格语言，富于装饰性的特征；大面积的几何形状则强调强烈醒目的视觉冲击效果。

图 6-3　陕西代表性民俗元素几何设计

小面积或边缘装饰的几何图案起到延续视觉的效果。利用几何图案形成产品视觉上的错觉，加重了变化的层次感。辅助图形效果如图 6-3 所示。几何图案是吸引注意力的好方法，可以使用或组合使用很多的几何图案，使用一些不那么复杂的元素来保持平衡感。对单体进行切割、削减等创造出新的形态，虽然在整体上割裂但仍具有统一性，采用简单直线或曲线分割，也会为产品造型提供新的视觉冲击力。单体进行重复、交替、渐变、特异、对比等多种手法让产品丰富而不凌乱。

6.6 设计中强调民俗文化中的色彩

色彩是民俗文创产品的重点设计部分，体现设计作品的语言性，通过色彩的选用可以体现设计者的情感表达，同时更深层地体现了产品所表达的情感及所赋予的内涵。在文创产品的设计过程中，色彩的选用不仅表达了作品的情感，还能从中体现不同产品之间的设计差异。设计时可采用大胆的配色增强民俗艺术的美感，增强视觉的对比。

图 6-4　陕西皮影视觉创新设计

图 6-5　陕西八大怪形象礼物设计

7　陕西地域特色文创传播策略和路径

研究传播陕西地域特色文创的传播渠道和途径，更精准地传播地域文化。

7.1 传播策略

地域特色文化作为一种文化形态和文化资源，与本地区人民生活息息相关。将陕西地域文化通过现代设计的手法进行设计，将文化元素提取并应用到产品设计中，是一种重要的传承文化的手段。

7.1.1 存在不足

IP 形象的滥用，缺乏完整的逻辑体系；将民俗元素进行反复利用，没有创新，难以引起新的视觉冲击；常见民俗文化被过度消费，缺乏工匠精神；陕西本土审美以及创意有待提升，打造亮眼、国际化、持久化的文创产品。

7.1.2 传播策略

一个品牌的爆红绝非偶然，背后往往有精英营销团队的支撑。在信息无限碎片化的当代，对营销的要求越发严苛，以往一条电视广告就可以捧红一个品牌的时代早已过去。如今，强大的整合营销能力成为各个品牌方最为迫切的诉求。文创品牌想要发展持久，除了要有独特的视觉创新设计，还必须联手专业的营销策划团队打造品牌，强调品牌属性。“大渗透”是当下的热词，酒香也怕巷子深，一个品牌想要走得长远，一定要有渠道意识，广铺渠道，渗透到目标人群触手可及之处。文创品牌亦然，让文创产品在为人们提供高级生活趣味的同时，也能够引起人们的精神共鸣，让陕西特色文化能够更好地传承。

7.1.3 传播方法

（1）传统文化与当代审美相结合，融入当下比较流行的表现形式，如插画风、渐变风、高饱和度等，把传统的凤翔泥塑、宝鸡刺绣绘制成可爱有趣的卡通人物形象，来诠释陕西的地域文化特征。

（2）用陕西地域特色民俗文化文创产品替代旅游纪念品。将创意与科技相结合，设计出更加美观且实用的文创产品，进一步取代普通且千篇一律的旅游纪念品，注入更多的文化内涵。

（3）将实用性与艺术性相结合，更加贴近实际、贴近生活、贴近群众，以灵活多样的方式进入公众生活，拓展和延伸到博物馆教育、传播和服务功能，提高民俗文化的传播和影响力，满足观众的精神和物质需求，达到社会效益与经济效益双赢的目标。

7.2 传播路径

以西安为例，在西安向国际化大都市华丽迈进时，历史与时尚的缠绕羁绊是绕不开的话题。外界对西安的印象，多年来停留在厚重、传统、悠久，而这实际上不能完全体现当代西安人的生活面貌。细究原因，是西安长久以来对文化资源的开发、利用、转化还不够。近几年在互联网时代文化经济浪潮下，城市品位对于宣传城市文化来说相当重要，新西安有了新的代名词和新的视觉形象，出现了非常多的网红景点，非常多的文创商店。通过现代多媒体，更全面地去传播陕西文化，为西安带来更多的关注，使西安成为热门旅游城市，成为年轻人向往的打卡圣地。传播路径有以下几条。

(1) 自媒体运营，公众号推送文创品牌宣传相关的文章，通过直播等现代化方式增加销售及产品宣传。

(2) 旅游景点设置民俗文创专门店，带动旅游人群消费和传播。旅游景点更有体验感，也更有购买意愿。

(3) 视频营销，用创意短视频的形式，把文创品牌或者产品信息植入视频短片中，能够被更多人看到、了解到。

(4) 口碑相传，通过良好的口碑效应传播品牌，形成良好的品牌形象。

(5) 实体营销，借用公交媒体、地铁媒体、车站媒体、商场媒体等来宣传品牌，提升品牌的知名度，起到一定的推广传播的作用。

(6) 通过 IP 形象推广，形成独有的品牌形象。如大唐不夜城不倒翁皮卡丘，成为大唐不夜城 IP 典型。

(7) 非遗传承人线上和线下相结合的方式，讲解民俗文化背景和文化脉络、工艺技术、艺术特点，对传统文化进行普及和传播。

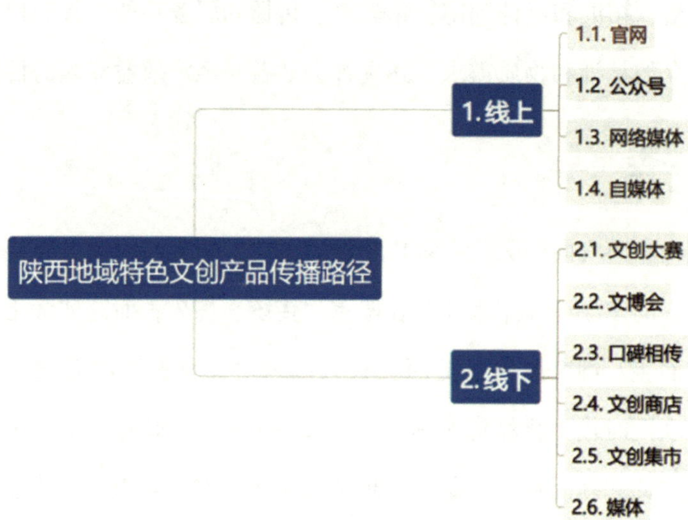

图 7-1 陕西地域特色文创产品传播路径

8　陕西地域特色文化视觉创新设计应用研究

通过对陕西比较有代表性的文化进行分析和视觉提取，进行视觉创新设计应用研究，总结陕西地域特色文化视觉创新设计方法。

8.1 陕西民俗虎头鞋视觉形象创新设计

8.1.1 虎头鞋文创产品主题内容

随着社会的发展和人们不断提高的精神文化追求，对视觉美感的表达要求也在不断地提高，人们对于文创产品的要求不仅仅局限于传统民俗文化，寻找现代创新设计与传统民俗文化的再组合创造是文创产品发展的关键。作为古都，西安具有浓厚的文化底蕴。陕西虎头鞋在陕西民俗文化中有一定的地位，虎头鞋不仅仅是生活用品，更有美好的寓意，包含了对新生儿的祝福。通过全新设计运用在现代生活用品中，可以扩大陕西特色文化的传播面和影响力。

8.1.2 虎头鞋主要特点

陕西民间常以虎作为新生儿出生的物件，除了具有驱邪镇定的作用，还有祝福新出生的婴儿虎头虎脑的意思。老虎在人们心中一直是凶猛的形象，保护新生儿不受一切邪恶的东西侵扰，平安成长。它是新生儿的守护者，是母爱的体现。虎头鞋多以红色、黄色为主，给人一种喜庆的感觉，庆贺新生儿的诞生，成为长辈送给小孩出生的必备物品之一。

虎头鞋作为陕西民俗的经典代表，本身带有实用价值、审美价值和民俗学价值。实用价值在于虎头鞋本身比较宽大，且具有保暖和保护裤脚的功能。审美价值在于它在图案创意方面采取了夸张大胆的设计，具有一定的趣味性。同时虎头鞋主要采取了红色和黄色，带有喜庆之意。民俗学价值，在陕西民间，虎作为人们心中貌相威武的形象所在，本身也有百兽之王的美称，人们不仅希望孩子能健康成长，还希望长得虎头虎脑，具有虎的霸道威武气质。人们为了表达这种美好的期望，便在鞋和帽子上缝制虎脸的图案，增加孩子的“虎气”。

图 8-1 陕西虎头鞋

8. 1. 3 虎头鞋视觉创新设计

陕西虎头鞋视觉创新设计将传统图案与现代图形结合，突出了传统图案的传统理念和现代图形的现代感，展现了浓厚的文化色彩，给人们强烈的视觉体验，使文创设计更具有文化底蕴和现代时尚感。创新设计时可以大胆提取虎头形象进行现代几何处理，融合几何大色块形成传统与现代的强烈对比，增加视觉新颖度和视觉冲击。

8.1.3.1 虎头鞋文创品牌标志设计

陕西民俗文化推广应该加强品牌推广，增加品牌意识。因此，标志就显得尤为重要。标志应当同时具有美学及品牌效应，应当引起顾客的情感共鸣。在设计标志的过程中特别需要留意细节，每一个细节的增减都可能赋予标志新的含义。品牌的建立更加系统、完整，对虎头鞋文化的传播推广更加全面、持续，影响力更大。

虎头鞋文创产品标志设计，以虎头为主要形象进行设计。把虎头鞋上的图案进行重新提取和整理。标志中带有一定的趣味性，虽然夸张但不失趣味，从而提高标志的辨识度，吸引大众的关注和探究。

图 8-2　虎头鞋标志设计

8.1.3.2 虎头鞋标志图形提取形象

文创设计图案主要运用在抱枕、雨伞、马克杯、手机壳等文创产品中，通过生活用品对“虎头虎脑”进行推广和传播。把视觉主形象通过创新和重新组合运用到所设计的文创产品上，视觉形象新颖、现代，呈现新的视觉感受，将传统文化用现代设计手法来表现，对陕西特色文化的推广有一定积极作用。

图 8-3 “虎头虎脑”文创设计

8.2 宝鸡凤翔泥塑视觉形象创新设计

凤翔泥塑是陕西省宝鸡市的一种传统纯手工民间艺术，土著人称之为泥货。凤翔县曾出土陪葬陶俑，由此可看到其历史之悠久。主要分布在城关镇六营村周边，六营村的脱胎泥塑最为出名，代代传承，在国际上享有盛誉。

凤翔泥塑是一种古老而传统的纯手工民间艺术，它代表着农民对生活的淳朴而真诚的诉求，渴望美好生活、追求幸福美满的愿望，将小小的愿望寄托在泥塑玩物上。凤翔泥塑汇聚着凤翔民众的社会习性、智慧和创新精神以及动手能力，是代表着陕西人民的文化内涵的产物。胡新明是陕西凤翔泥塑艺术家、陕西省民协副主席。他出生在陕西凤翔泥塑之乡——六营村，从小就受到乡土艺术的熏陶，上学期间就已显露出对绘画和雕塑艺术的灵气。胡新明是国家非物质文化遗产传承人之一，被联合国教科文组织授予“中国民间工艺美术大师”殊荣，也是2002年、2003年国家生肖邮票泥塑马和泥塑羊的设计制作者之一，他不仅掌握了传统工艺技法，且在发掘创新上倍下功夫，塑造了许多的艺术形象。

8. 2. 1 设计思路

凤翔泥塑形态鲜明、个性十足，能体现陕西关中地区的民间艺术特征。选取陕西凤翔泥塑进行文创产品品牌形象设计，采用泥塑传统纹样作为主体参照物，结合现代设计手法进行再创作，将传统与现代审美进行结合，创作出符合大众现代审美的作品，达到对凤翔泥塑的传承。

“泥货”是凤翔泥塑在当地的俗称。将“泥货”作为品牌名称，既让当地人觉得保留传统特色，同时让游客充分体验文化的独特性。凤翔泥塑在省内知名度较大，但是省外乃至国外知名度不足，所以以凤翔泥塑主形象“虎头”对凤翔泥塑进行推广和宣传，通过品牌化的方法传播一种生活方式或手艺。

“泥货”品牌标志以图形和文字结合为主，主体是英文字母N，大写N是镂空的形式，镂空部分由传统的凤翔泥塑的纹样填充，最下面是“泥货”两个字及“泥塑文创”四个字的全拼，标志简洁直观。

图 8-4 凤翔泥塑文创品牌“泥货”标志

8. 2. 2 凤翔泥塑视觉创新设计

凤翔泥塑传统花纹以主要形象坐虎和挂虎为核心元素，和“泥”的拼音大写首字母N进行组合，再加上一个红色的印章，将坐虎和挂虎的元素提取进行矢量化，形象繁而不乱，是结构清晰的视觉形象。

根据泥塑花纹基本构成形式，结合凤翔泥塑花纹的提取元素对泥货辅助图形虎进行创新设计，利用它的可爱形象对外形进行概括，由繁到简，符合现代大众的审美，对背景图案进行现代分割，更符合现代文化变化的特征。

色彩的提取灵感来自传统色彩，经过处理和分析对传统色彩进行科学保留。传统的凤翔泥塑承载着中国几千年的色彩传承和审美情趣，“中国色彩”作为凝聚中华民族文化精髓、代表中国精神形象的符号，不应该是一种单纯的色彩现象，更应该是一种能够体现中华民族独特的色彩思想、色彩哲学的文化符号。方案设计背景运用色块分割的方法，从传统色彩中进行提取，进行渐变处理，有深浅不一的感觉。

图 8-5 凤翔泥塑视觉形象创新

案例分析：全新的视觉形象让人眼前一亮，几何纹样结合凤翔泥塑主形象，视觉新颖、年轻，色彩大胆创新，有全新的视觉感受，在推广传播中更容易被年轻人接受。

8.2.3 凤翔泥塑视觉形象创新文创产品推广

图 8-6　“泥货”品牌文创设计

案例分析：好的文创产品是从图像的外形、颜色、纹样以及种类，从抱枕、手机壳、钥匙扣等不同的种类中不断变化，使游客既能深刻体会到泥塑文化，也能感受到现代生活对传统艺术品的传承。

8. 3　陕西凤翔年画视觉形象创新设计

8. 3. 1　设计背景

凤翔木版年画是陕西传统的民间艺术，在民间广为流传。它寄托着人们对美好生活的向往与追求，因此至今一直受到人们的广泛喜爱。传统的民俗文化运用年轻人喜闻乐见的形式表达与传递，有效地激起年轻人对传统民俗艺术的兴趣。凤翔木版年画的应用设计同样要体现产品的地域特征，在表现形式上同其他地域的年画设计要有差异化的体现。在创新应用的色彩设计方面，凤翔木版年画常用纯度高、对比强烈、鲜艳的原色。可以运用这一审美特征，让设计色彩成为识别产品的重要途径。在图形设计方面，借鉴凤翔木版年画构图饱满、造型古朴夸张的风格，深入领悟其图形传达的美好寓意，摆脱传统图形物化的表面，将美好的诉求表现在设计中。

8. 3. 2　设计思路

陕西凤翔年画视觉形象创新设计主要理念是应用年轻人喜好的形式表达与传递，这样才能有效地激起年轻人对民间艺术的兴趣。手绘人物形象结合代表性辅助符号，给人放松而简洁的感觉。设计的主要理念是明快而简洁的设计、运用年画人物形象的再设计，简单的文字、创新的思维、特别的选材，提高生活乐趣，给人以美的享受，有与众不同的感觉。在设计上应把握系统的原则，无论是小产品还是成系列的产品，都应注意色彩、文字、图形的整体性、协调性和完整性，突出产品的系列感。要在这些基础上加入年画的元素，主要对门神、英雄人物、传说人物进行再设计。

8.3.3 品牌形象设计

由于年画大多在春节期间广泛应用，标志字面上应该与节日氛围相呼应，所以选用“开门见喜”四个汉字。形象选用传统年画人物财神的形象。财神是民间的信仰，寄托着安居乐业、大吉大利的美好心愿。用简单的插画人物表现出财神的轮廓，形象绘制尽量简洁。设计突出过年的气氛表现，应情应景，传达出节日气氛。色彩上运用年画的主要颜色，选用纯度和明度都很高的红和黄的标准色。

图 8-7 品牌标志

8.3.4 凤翔木版年画视觉形象创新设计

不同的人物类型有不同的年画设计方案，提取主要的色彩和每个年画人物对应的辅助图形，整体色系上保持统一，运用大胆色块和几何图形来进行画面的组合，同时运用提取的纹样和色彩进行全新创新，让大家体会新颖现代的感觉。

图 8-8　凤翔木版年画视觉创新设计

8.3.5 凤翔木版年画视觉形象创新文创产品推广

图 8-9 开门见喜文创设计

案例分析：全新的视觉形象运用大胆的色彩和几何纹样表达，整体设计呈现出现代、活泼的视觉感受，丰富了木版年画的视觉形象。

8.4 陕西剪纸视觉形象创新设计

8.4.1 设计背景

主要研究剪纸元素与文创设计的融合，借鉴剪纸图案与元素设计出新的视觉符号，从剪纸元素的图形、组合等方面对剪纸的文化内涵做了简要的分析和理解，从中进行视觉创新、再设计。研究如何将剪纸创新的形象与文创设计融合在一起，形成符合现代人们的审美的文创产品设计。

8.4.2 以陕西剪纸为元素的文创品牌形象设计

图 8-10 “十三古”文创品牌标志

“十三古”剪纸品牌文创标志以陕西传统的古朴风格为主，标志整体风格体现陕西地域特色。标志设计也相应地运用了古朴、传统的设计元素，使标志更具有地域特点。

8.4.3 陕西剪纸视觉形象创新设计

根据剪纸视觉符号元素的提取与创新，结合现代设计的潮流发展以及“十三古”文创的文化传播形式，对剪纸视觉符号进行创新设计。

图 8-11 万字剪纸、月牙纹剪纸

8.4.4 陕西剪纸视觉形象创新文创产品推广

随着现代设计潮流的发展，传统的民间剪纸应保持其自身的特色并有新的视觉呈现。

任何一种传统文化的继承和发展，都取决于它能否与时俱进，挖掘自身的新特性。在不断创新的现代设计领域，要想使传统的剪纸元素设计具有时尚感，又具有传统文化气息，就必须进一步研究剪纸的深层内涵。

好的文创设计不仅包括造型、纹样、色彩、材质，还需要具有人文关怀设计，要有贴切的主题文化，让设计更贴切生活，更贴切顾客。剪纸最常见的功能是装饰和美化人们的日常生活，其使用范围很广，家居装饰、瓷砖纹理、建筑装饰等都可以使用剪纸的视觉元素作为装饰。将传统文化元素运用到文创设计中，不仅可以更好地传承传统文化，同时也可以提高设计内涵，丰富设计灵感，拓宽现代设计的视觉元素。

图 8-12　“十三朝”剪纸文创设计

8.5　陕西马勺脸谱视觉形象创新设计

8.5.1　创新思路

生肖是中国最为传统的民俗文化，而马勺脸谱是陕西重要的民俗文化之一，将中国生肖与陕西马勺文化进行结合，呈现一系列现代化的文创设计。十二生肖的设计采用了比较圆润的线条来表现，通过动物的肢体动作把身体分成大的色块，展现出拼图的趣味性，但保留动物本身的形象与肢体动作，形成一种专属的设计风格和视觉形象。

8. 5. 2　生肖的视觉元素提取

生肖是一种古老的民俗文化符号，通过每一个生肖的形象和性格特征，绘制出最符合现代审美的生肖元素形象。

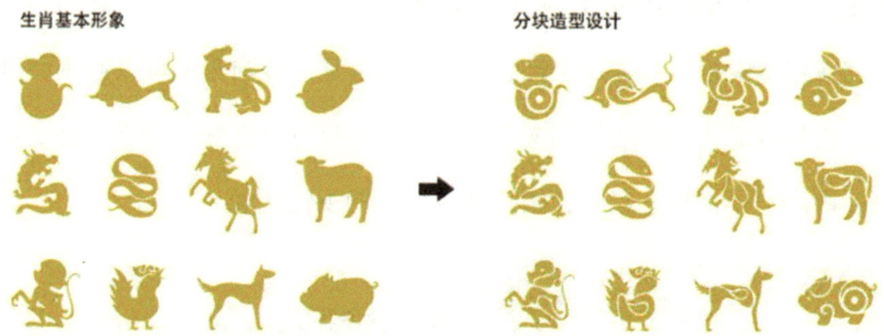

图 8-13　生肖元素形象

8. 5. 3　马勺脸谱色彩的提取与应用

马勺是一种生活用具。从夏商开始沿用至今，选用优质的木头作为原料，手工一刀刀雕刻而成。马勺脸谱承载着中华的源远文明，记载着陕西地域最辉煌的民俗文化。马勺脸谱内容来源于封神榜中正义人物的造型，其寓意为镇宅和辟邪，体现人们向往美好安定生活的诚恳愿望。从人物的性格和容貌特征出发，通过对眉、眼、嘴的装饰，以夸张的手法描画五官的部位和肤色，进而突出表现各类人物的内心本质，强调色彩对比，具有强烈的象征性。红色代表着忠勇，白色代表着奸诈，黑色代表着刚正不阿，灰色代表着勇敢，黄色代表着情感猛烈，蓝色代表着莽撞等。将情感色彩丰富的马勺颜色融入生肖，将会有与众不同的图案出现。

图 8-14　马勺脸谱主要色彩搭配

8.5.4 视觉形象创新延展过程

采用斑驳的印章效果，添加具有历史年代感的篆书，来体现产品丰富的内涵与人文价值。

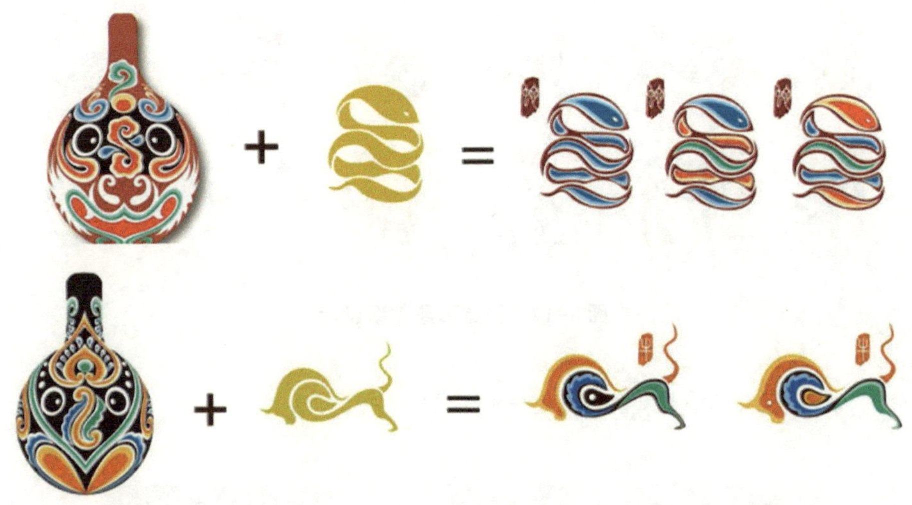

图 8-15 视觉形象创新延展

图 8-16 标志设计过程

8. 5. 5　视觉形成创新设计

生肖的基本形象加上马勺脸谱的色彩，碰撞出奇特的创意图形，生肖形象鲜明，马勺色彩突出，两者结合呈现出独特的视觉感受。

图 8-17　视觉形象创新设计

8. 5. 6　陕西马勺脸谱视觉形象创新文创产品推广

图 8-18　文创产品设计

8.6 陕西碑林博物馆视觉形象创新设计

西安碑林博物馆这座书法艺术宝库碑石如林，其中曹全碑是中国汉代石碑中保存最为完好、字迹清晰的珍品。建立“碑林有礼”品牌文创设计的主视觉形象来深入挖掘汉代隶书本身的书法艺术价值，用视觉传达设计的视角来感受汉隶珍品的秀美，用视觉符号的独特艺术形式来表现传统书法文化的内涵，用创意创新礼品来回应博物馆文创设计的浪潮。

8.6.1 设计思路

“碑林有礼”是为西安碑林博物馆所设计的文创品牌，旨在打造一个时尚、简约、现代的文创品牌。此品牌所针对的定位是年轻且有活力的人群，对新事物的接受能力较强，对创新类的传统文创感兴趣，准确清晰的品牌定位有利于博物馆文创品牌的发展。

图 8-19 “碑林有礼”品牌标志

8.6.2 视觉形象创新提取

“碑林有礼”品牌的主视觉形象设计是以曹全碑的字体、笔画、章法为主要内容展开再设计的，包括“章法之间”“笔画之间”“字字之间”视觉形象设计。“章法之间”表现了汉代隶书曹全碑的独特章法，纵看成行、横看成列、左右开张，字距大于其行距，通过多字叠合的表现手法更能清楚地看出章法的独特之处；“笔画之间”体现了汉代隶书曹全碑的十一种经典笔画的特征，每种笔画在不同的字形又是不一样的造型体现，对书法的热爱大概就是对一笔一画执着的喜欢；“字字之间”传达了曹全碑的字与字之间的神秘化学反应，当你把这些字叠合在一个画面里的时候，你会发现字与字之间原来可以这么有趣。

图 8-20　“碑林有礼”视觉主形象设计

8.6.3　视觉形象创新表现

博物馆文化的有效宣传与大力推广，改善着人们的生活方式，提高着人们的文化品位，增强着人们的文化自信。随着互联网时代的进步与新媒体的不断普及，博物馆文化的传播有了更加合适的载体，这个载体便是我们当下流行的文创产品。汉代隶书曹全碑是传统书法文化的精华，“碑林有礼”品牌通过创新且有创意的产品来宣传传统书法文化，以此来表现博物馆文创的创新性。

8.6.4　“碑林有礼”视觉形象创新文创产品推广

图 8-21 “碑林有礼”文创产品

8.7 陕西美食视觉形象创新设计

8.7.1 设计背景

陕西地方特色菜已经是我们生活中的一部分，特别是对于陕西人来说，每一道菜都在其心中有着深深的烙印。陕西菜虽然不在八大菜系之列，但是其知名度不亚于它们中的任何一个。提到陕西，羊肉泡馍、biangbiang 面等都是很具有代表性的美食。陕西美食已经成为陕西地域文化非常重要的一部分。打造“陕食街”文创品牌，旨在创造一个既符合西安特色美食和街道分布特征的，又具有文化和美食传播意义的文创品牌，有助于西安特色美食与著名景点街道的展示和陕西美食文化的传播。

8.7.2 陕西美食视觉形象创新

通过对陕西代表性美食进行分析，提取比较知名的陕西代表美食及代表建筑，将面食、小吃、名菜与钟楼、大雁塔、大明宫进行结合，突出各个美食街的美食特色。将美食元素羊肉泡馍、肉夹馍、凉皮等运用插画风格元素表现出来。以钟楼、大雁塔、大明宫遗址公园三个知名地点附近的美食街道作为出发点，将建筑物扁平化与西安特色美食如肉夹馍、凉皮等进行结合。

图 8-22 陕西美食视觉形象创新设计

8.7.3 陕西美食视觉形象文创产品推广

以钟楼为主要线索的地图把钟楼作为中心，向四周扩散，可在地图上发现美食简笔画形式的标注，并把过于横平竖直的街道在画面整体设计中做了变化。大雁塔、大明宫建筑地标性非常强，突出主形象，将美食元素视觉符号化，以视觉形象的方式展现，整体视觉生动、丰富。

图 8-23 陕西美食文创产品设计

9 特色文创品牌设计

以视觉创新激活地域文化，以新的视觉形象展示特色文创品牌，通过案例研究探讨文创设计中视觉创新的原则。

9.1 “大京小怪”品牌文创设计

9.1.1 设计思路

“大京小怪”品牌设计以“陕西八大怪”为元素进行全新创新设计，设计打破传统民俗文化设计理念，用几何图像切割的方式展现场景，主体视觉放大突出效果，几何切割打破传统视觉效果，显得内容更加有层次感，背景加上陕西文化元素，多了一丝趣味。色彩大胆直接，体现民间浓郁的情感，画面更有设计感，更耐人寻味。

图 9-1 “大京小怪”文创品牌标志设计

9.1.2 色彩创新分析

色彩保留民俗文化中的高饱和色相，表达出丰富的民间色彩，强对比的色彩冲突，视觉醒目，表现有张力，传递丰富的地域文化，表达陕西人热情、奔放的性格特征。

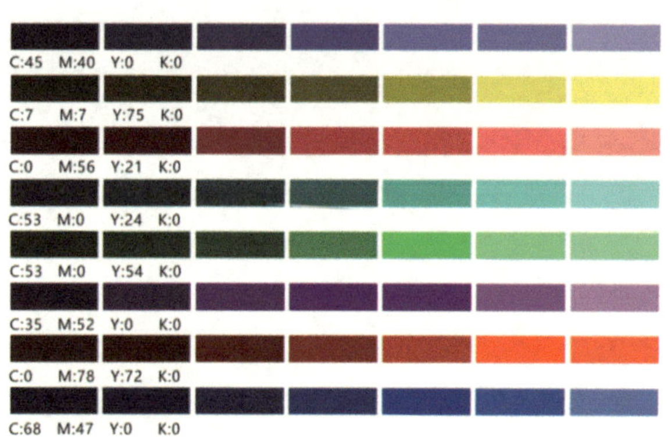

图 9-2 “大京小怪”文创品牌色彩分析

9.1.3 视觉形象分析

在“大京小怪”文创品牌设计中采用基本几何形态的组合延伸，展示几何的多元化灵动造型，利用不规则的几何图案构成产品的风格语言，富于装饰性的特征、大块面的几何图案形成强烈醒目的视觉冲击效果，小面积或边缘装饰的几何图案起到延续视觉的效果，利用几何图案结合陕西八大怪的插图形成视觉上的错觉，加重了变化的层次感。

图 9-3　“大京小怪”文创品牌主形象分析

9. 1. 4　文创产品效果展示

图 9-4　“大京小怪”文创品牌效果展示

9. 2　“玩转西安”品牌文创设计

9. 2. 1　设计背景

陕西简称“陕”或者“秦”，省会为十三朝古都西安。以陕西独特秀美和多样化的地标性建筑为主形象，设计出既具有陕西特色，又具有新时代气息的旅游文创产品。

9. 2. 2　设计定位

玩转西安是为西安旅游创立的自主品牌，旨在创造一个既符合西安特色地标性建筑又符合现代抽象化设计艺术的文创品牌。对西安特色地标性建筑的再设计与应用有助于传播陕西的代表性传统文化。

9. 2. 3 色彩分析

玩转西安品牌的色彩运用，从彰显现代设计元素的活力与生命力出发，在色彩的设计中，采用了明艳丰富的色彩搭配，使图形具有多样性，并且可以随意自由重组，在保持风格统一的基础上，更具有无限可能的延展性，体现了西安丰富多彩和生生不息的活力与生命力。

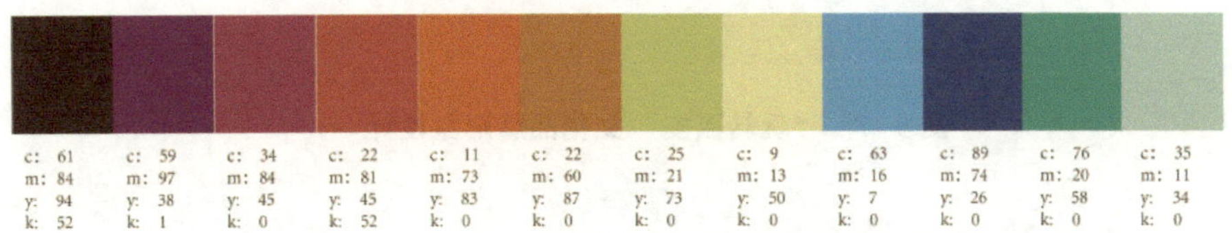

图 9-5 “玩转西安”文创品牌色彩分析

9. 2. 4 视觉形象分析

结合陕西西安诸多特色文化元素，对其进行创新的融合性改造。在标识（Logo）部分的设计中将明黄色与最具特色的大雁塔进行结合，并且将字体部分的边角进行切割使之具有西安的特色 。

在辅助图形的设计上，将几何化的图形设计，抽象化的视觉元素，以更加现代化的设计符号，将西安的地标性建筑等本土元素融合进整套的旅游文创产品设计中。

图 9-6 “玩转西安”文创品牌主视觉形象设计

9. 2. 5　文创产品效果展示

图 9-7　“玩转西安”文创品牌形象设计

图 9-8　“玩转西安”文创产品效果展示

9. 2. 6　遵循的设计原则

9. 2. 6. 1　抽象几何图形的概括性

以抽象的几何图形对建筑的形象进行概括，更集中地体现为点、线、面结合的设计。

9. 2. 6. 2 视觉设计的统一性

为了达到在视觉设计上的统一，将视觉元素、字体文案、布局设计、色彩搭配等进行协调。

9. 3 “凤泥”品牌文创设计

9. 3. 1 设计思路

凤翔泥塑是陕西民俗文化中不可或缺的一部分，因造型夸张生动、色彩丰富鲜艳等优点，深受人们的喜爱。但在生活节奏逐渐加快的今天，凤翔泥塑等民俗文化和现代人的生活没有紧密联系，还停留在工艺品观赏阶段。本设计将民俗文化与现代审美相结合，保留凤翔泥塑的主要形象特征，主要采用几何图形概括的手法，意在将凤翔泥塑与现代审美相结合，设计出具有创新性的产品。品牌名称为“凤泥”，保留关键词，能更准确地代表凤翔泥塑。

9. 3. 2 色彩分析

“凤泥”品牌中运用到的颜色主要有红色、黄色、绿色、黑色、白色、紫红色、蓝色等。凤翔泥塑的色彩还可以与方位相结合，青色代表东方，白色代表西方，红色代表南方，黑色代表北方，黄色代表中央。背景中几何色块的颜色也全部来源于凤翔泥塑本身，但在背景的色块上设置了透明度，这样一来，色块与色块之间重叠的部分又会产生新的颜色。这样不仅可以使背景颜色更加丰富，也可以让整体的背景“向后退”，更加突出主形象。

图 9-9 “凤泥”品牌文创色彩分析

9. 3. 3 视觉形象分析

“凤泥”品牌视觉形象主要将十二生肖的外形和花纹进行提炼概括，并用三角形、圆形、四边形等几何图形进行表现。背景部分采用了几何图形拼接、相叠的方式。背景部分的几何图形也可以作为辅助图形来使用。

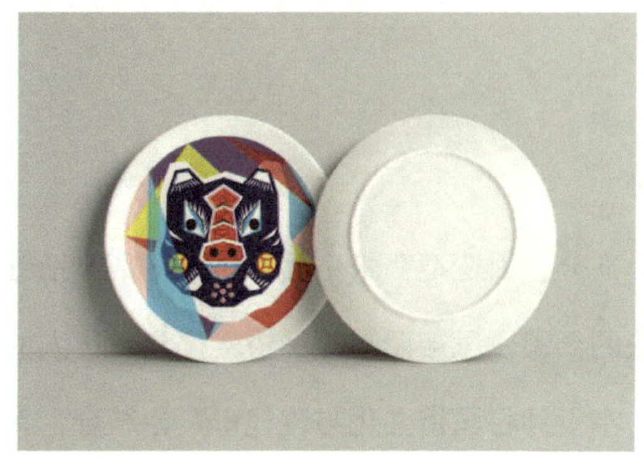

图 9-10 “凤泥”文创视觉形象分析

9. 4 “华阴老腔”品牌文创设计

9. 4. 1 设计思路

“华阴老腔”是为华阴老腔非遗文化宣传所设计的一个品牌，旨在将华阴老腔的形象以更时尚清新的形式传递给年轻人群。华阴老腔其声腔具有刚直高亢、磅礴豪迈的气魄，追求自在、随兴的痛快感，听起来颇有关西大汉咏唱大江东去之慨，此类表演方式也被誉为黄土高坡上“最早的摇滚”。在表现视觉形象时将人物动作提取出来，以夸张的形象表达。华阴老腔作为戏曲，设计时将乐器与人物形象进行结合，将乐器作为形象设计的基础，着重表达华阴老腔作为类似摇滚形象的不羁。将华阴老腔设计形成文创品牌，对华阴老腔文化进行传播，让更多的年轻人了解陕西华阴老腔非物质文化遗产。

图 9-11 “华阴老腔”文创品牌标志

9.4.2 主要人物形象

图 9-12 “华阴老腔”文创 IP 形象

9. 4. 3 文创视觉形象分析

“华阴老腔”品牌文创用憨态可掬、生动可爱的人物形象，展现了华阴老腔的特征和主要乐器表演，用卡通表现手法、夸张幽默的表达方式、年轻化的视觉语言来表现传统非遗文化。

图 9-13 “华阴老腔”文创视觉形象分析

9. 4. 4 “华阴老腔”品牌文创产品展示

图 9-14 “华阴老腔”品牌文创产品展示

9.4.5 遵循的设计原则

9.4.5.1 对非遗文化的表现性

华阴老腔的独特演奏方式构成了该剧种的独有之长，使其富有突出的历史和文化价值，世代流传，久演不衰。但又鉴于该剧种的特殊情形（家族戏），目前依然处于行将消亡的濒危状态，迫切需要长期保护。设计形象时应将华阴老腔与相似戏种进行区分，准确地表现华阴老腔的艺术形象。在设计中应充分结合表演时的场景，使消费者能对艺术形象产生清晰的认知。

9.4.5.2 视觉设计的统一性

在设计华阴老腔卡通节的视觉形象时，应严格遵循视觉形象风格的统一性原则，有助于打造完整的形象，帮助消费者对艺术形象进行识别。运用相同的 Q 版形象描绘场景轮廓和人物轮廓，使场景和人物更具有辨识性，能更准确地表现出华阴老腔作为粗犷豪迈的戏种的魅力。

9.4.5.3 人物形象的可塑性

相对于普通的视觉形象，具象化的卡通人物有着更大的可塑性。群众对现有卡通形象规律的认知以及卡通本身的适用面积，大大提高了产品本身的延展性。华阴老腔作为一个小戏种，需要更多的人来通过各种渠道了解它，对它感兴趣，这是保护非遗文化的方式之一。

9.5 “观桩”品牌文创设计

9.5.1 设计背景

“观桩”品牌文创设计结合古城西安独特的历史文化底蕴，把拴马桩这一元素丰富化，再以现代思维进行创作设计与制作，既能将拴马桩的特色展现出来，又能很好地彰显城市文化特色。结合“带出去、买回来”这一理念，做出一些耳饰、胸章等饰品便于穿搭展示，展现拴马桩的 IP 形象，通过 IP 形象与潮流文化相结合，实现更多的延展。

9. 5. 2 设计定位

保留产品原有的实用性，让其形成更具创新性与代表性的文创产品，将艺术作品与时代产品进行结合，既兼顾了产品的功能性特点，又融入了艺术特点，如此文创产品便更加受人们喜爱，也便将传统文化流传于人们生活中。

9. 5. 3 色彩分析

“观桩”品牌的色彩运用，在不影响拴马桩本身表现的基础上，将整体色彩夸张化，更具创新性，让整体效果避免了刻板认知。采用了明艳丰富的色彩搭配，使图形具有多样性，如红色是热烈、冲动、强有力的色彩，橙黄色是欢快活泼的光辉色彩，蓝绿色系又是另一种代表性色彩。将几种颜色巧妙地结合到一个完整的形象设计中，更具有明视效果，体现了陕西地域特色文化丰富多彩，充满活力。

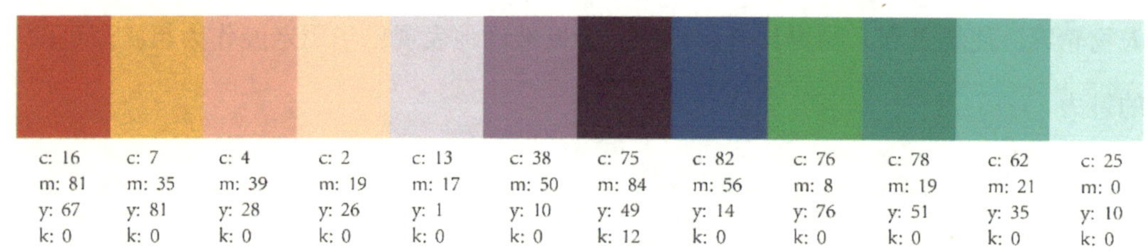

图 9-15 “观桩”文创品牌色彩分析

9. 5. 4 视觉形象分析

“观桩”品牌视觉形象设计是以关中拴马桩为原型进行的再创作，参考传统拴马桩造型，对其进行一系列形象设计，整体色彩鲜艳浓烈，代表了关中地区热情如火、自信乐达的文化色彩。

结合古城西安独特的历史文化底蕴，把拴马桩这一元素丰富化，再以现代思维进行创作设计与制作，既能将拴马桩的特色展现出去，又能很好地彰显城市文化特色。

“观桩”品牌的色彩运用，在不影响拴马桩本身表现的基础上，将整体色彩夸张化，更具创新性，让整体效果避免了刻板认知。采用了明艳丰富的色彩搭配，使图形具有多样性。

图 9-16 “观桩”文创品牌主视觉形象设计

9.5.5 文创产品效果展示

图 9-17 “观桩”文创品牌形象展示

9.6 “喜娃娃”品牌文创设计

9.6.1 设计背景

剪纸是陕西民间美术中最为熟知的一种艺术形式，陕北剪纸更具特色，主要出现于黄土高原一带的剪纸抓髻娃娃的形象，可谓寓意颇深。抓髻娃娃是民族的繁衍之神、守护之神，人们通过剪出不同形式的抓髻娃娃来表达自己内心深处的美好愿望，祈盼子嗣延绵、平安健康、风调雨顺。以抓髻娃娃独特的寓意为背景，设计出既具有陕西特色又具有新时代气息的旅游文创品牌。

9. 6. 2　设计定位

“喜娃娃”品牌名称取自抓髻娃娃的关键词，以“喜”字作为主要信息传递吉庆、美好的寓意，融入娃娃与撞色等新潮元素来加强视觉冲击，加入传统花纹图案使画面丰富统一，背景与娃娃颜色撞色从而突出娃娃，打破了传统的中国红颜色，以文创产品或旅游纪念品的方式进行传播，带动年轻人对传统文化的热爱。

9. 6. 3　色彩分析

“喜娃娃”品牌的色彩定位，采用了明艳丰富的色彩搭配，使图形具有多样性，并且可以随意自由重组，在保持风格统一的基础上，更具有无限可能的延展性，体现了陕西丰富多彩和生生不息的活力与生命力。

图 9-18　“喜娃娃”文创品牌色彩分析

9.6.4 视觉形象分析

“喜娃娃”文创品牌设计结合了剪纸抓髻娃娃诸多的元素，对其进行颜色创新的融合性改造。标志部分的设计使用了娃娃的外形并进行了字体设计，辅助图形的设计将几何化的图形设计、抽象化的视觉元素以更加现代化的设计符号融合进整套文创产品设计中。

图 9-19 “喜娃娃”文创品牌主视觉形象设计

9.6.5 文创产品效果展示

图 9-20 “喜娃娃”品牌文创产品形象

9. 6. 6　遵循的设计原则

9. 6. 6. 1　抽象几何图形的概括性

以抽象的几何图形对喜娃娃的形象进行概括，打破传统的颜色，使其更加具有活力。

9. 6. 6. 2　传统文化的传承性

在对抓髻娃娃的研究与应用中感受到传统文化对设计创新的推动作用。我们应该秉持着在对传统文化延续的基础上进行创新的信念，所有的创新都应该以传承为前提。

9. 6. 6. 3　视觉设计的统一性

为了达到在视觉设计上的统一，将视觉元素、字体文案、布局设计、色彩搭配等进行协调。

9. 7　“勺礼”品牌文创设计

9. 7. 1　设计背景

陕西具有悠久的历史文化，拥有多项非物质文化遗产。“勺礼”品牌文创设计以陕西具有独特地域化色彩的马勺脸谱为背景，设计出既具有陕西特色又具有新时代气息的文创设计。

9. 7. 2　设计定位

品牌名为“勺礼”，旨在创造一个既符合陕西当地文化特色，又符合现代审美设计艺术的文创设计。对于陕西非物质文化遗产马勺脸谱的再设计与应用有助于提高马勺脸谱的知名度和宣传陕西传统文化。

9.7.3 色彩分析

“勺礼”从彰显现代插画设计元素的活力与生命力出发，在色彩的设计中，采用了丰富柔和的色彩搭配，使图形更容易被大众接受，并且在保持风格统一的基础上，进行了与其他元素相结合的再设计，体现了传统非物质文化遗产的丰富多彩和生生不息的活力与生命力。

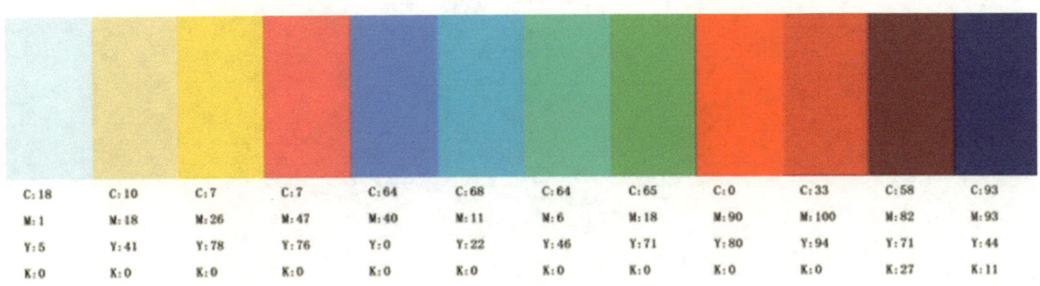

图 9-21 “勺礼”文创设计色彩分析

9.7.4 视觉形象分析

“勺礼”设计结合了京剧脸谱、小丑形象、陕西方言、社火传统动作的特色文化元素，并进行创新的融合性改造。在 Logo 部分的设计中，将品牌名“勺礼”与马勺脸谱轮廓相结合，并且将文字部分进行挪动使之具有非物质文化遗产的传统特色及丰富的表现方式。

图 9-22 “勺礼”文创主视觉形象设计

在辅助图形的设计上，将马勺脸谱中的纹样元素进行提取，以更加现代化的设计、更加柔和的配色将马勺脸谱的特色元素融合进整套的文创产品设计中。

9.7.5 文创产品效果展示

图 9-23 “勺礼”文创产品效果展示

9.7.6 遵循的设计原则

9.7.6.1 将设计的基础造型及基本元素进行融合

将马勺脸谱的传统形象与京剧脸谱、小丑形象、陕西方言、社火传统动作等特色文化元素进行融合再设计。

9.7.6.2 传统文化的传承性

在对陕西非物质文化遗产马勺脸谱的研究与应用中，传统文化在设计创新中具有重要推动作用。我们应该秉持着传承传统文化、发展传统文化的理念，在宣传文化的基础上进行创新设计，围绕马勺脸谱文化本身进行创新设计。

9.7.6.3 视觉设计的统一性

为了达到在视觉设计上的统一，应将视觉元素、辅助图形、布局设计、色彩搭配等进行协调。

9.8 “嗷呜”品牌文创设计

9.8.1 设计背景

虎头鞋是陕西宝鸡地区传统手工艺品之一，是一种童鞋，因鞋头呈虎头模样，故称虎头鞋。中国北方地区也有称为猫头鞋。虎头鞋制作技艺已被列入国家级非物质文化遗产名录。虎头鞋既有实用价值，也有观赏价值，同时它又是一种吉祥物，人们赋予它驱鬼辟邪的功能。虎头鞋做工复杂，仅虎头上就需用刺绣、拨花、打籽等多种针法。鞋面的颜色以红、黄为主，虎嘴、眉毛、鼻、眼等处常采用粗线条勾勒，夸张地表现虎的威猛。“嗷呜”品牌设计以陕西宝鸡地区虎头鞋为主形象进行创新，对这一传统形式进行视觉形象突破，以现代化的表现方法呈现，使更多年轻人了解陕西特色文化。

9.8.2 设计定位

“嗷呜”品牌的设立，以虎头鞋为基础，重在突出将虎头鞋呈现在大众的视野，改变以往传统的配色让人们记住，意在创新，将虎头鞋与新的潮流相结合，以新的面貌进入新的时代。

9.8.3 色彩分析

“嗷呜”品牌的色彩运用，从性格、色彩寓意出发，在强调原有的寓意的基础上大胆地创新改革，一眼就可以看出人物性格所包含的含义，色彩艳丽，具有特色，从色彩搭配上让人看着舒服，一眼就可以记住。

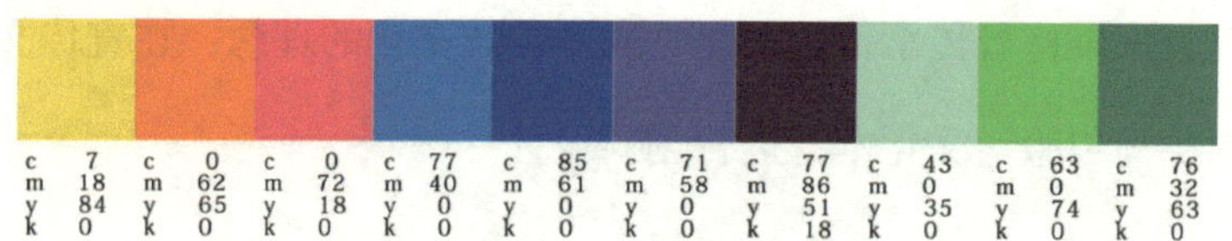

图 9-24 “嗷呜”文创品牌色彩分析

9.8.4 视觉形象分析

该设计结合了传统虎头鞋的形状样式，主图是以虎头鞋为主，搭配现代图形图案的创新设计，有一定的创意创新和文化传承意义，所有的图案人物都可以任意搭配，加入了有虎头含义的辅助图形，每一个图形都意在突出虎头鞋。

图 9-25 “嗷呜”文创品牌主视觉形象设计

9.8.5 文创产品效果展示

图 9-26 “嗷呜”文创品牌文创产品效果展示

9.8.6 遵循的设计原则

9.8.6.1 构建专属品牌形象系统

以虎头鞋为基础创作人物造型，确立品牌的形象。

9.8.6.2 传统文化的传承性

虎头鞋的文创传承了原有的寓意形象，大胆地与流行趋势相结合，创造出新的形象。在创作中应该秉持着在延续传统文化的基础上进行创新的信念，所有的创新都应该是以传承为前提。

9.8.6.3 视觉设计的统一性

为了达到视觉设计上的统一，将视觉元素、字体文案、布局设计、色彩搭配等进行协调。

10　文化激活与视觉创新

赏析陕西代表性文化激活和视觉形象创新形象。

10.1 陕西瓦当文创设计

“画瓦书符”文创设计通过对瓦当艺术特色分析和文化内涵提炼，激活创新瓦当图案元素，结合符号本身的特征和象征意义，与陕西代表性建筑相结合，表达对美好生活的期望，让人们了解瓦当文化，增加对传统文化艺术的兴趣，同时更好地宣传瓦当艺术的特色，让文创生活化，推动区域性特色文创产品走进市场。

图 10-1 “画瓦书符”文创品牌标志

图 10-2 “画瓦书符”文创产品设计

10. 2 陕西博物馆文创设计

博物馆一直肩负着传承中华文明和民族精神的使命，随着文创产品热潮的出现，博物馆的文创产品也随之出现。博物馆文创产品作为一种文化产品和一种文创产业相结合的产物，既是一种传承和传播的方式，也是一种满足大众文化需要的新方式。博物馆文创设计“博物忆致知”以激活陕西历史博物馆文物的实践为出发点，以文创产品为载体，通过对馆藏文物的创造性转化、创新性发展，进一步发掘馆藏文物的价值，复兴其背后的优秀传统文化因子。遵循“激活·创新”的理念，坚持让“文物活起来”的观点，使文创产品成为连接馆藏文化遗存与公众的纽带。

“博物忆致知”设计细节上表现了西安十三朝古都的形象，其火速出圈更是西安深厚的文化底蕴和城市脉络的一次深刻再现。陕西历史博物馆是一个具有丰富文化内涵的地方，是陕西悠久的历史和文化的象征，选择了陕西历史博物馆的八件文物进行动画化的设计，以“头大身小”的比例来增加视觉上的可爱，并将每一件文物与其背后的文化元素进行拆解、拼贴等创意设计，为每一件文物都画出一个独立的小场景。设计的初衷是让更多的人感受陕西历史博物馆的独特魅力，了解文物文化，增加对传统文化的兴趣，同时更好地弘扬“激活·创新”的理念，实现中外历史在过去和现在之间的沟通，不断创新文创产品，激发文化创新的活力，为观众提供最丰富的视觉体验。

整体设计背景设定为白天人们在陕西历史博物馆进行文物欣赏的活动，而到了夜晚，静悄悄的博物馆里面，文物都变成了小人儿出来探讨它们的故事，有可爱的、有安静的、有严肃的……

博物忆致知 陕

图 10-3 “博物忆致知”品牌标志

图 10-4 “博物忆致知”视觉形象提取过程

图 10-5 “博物忆致知”文创产品设计

10. 3　陕西唐文化文创设计

在大唐强盛、开放的社会格局中，政治、经济、文化、艺术等领域空前繁荣，唐代贵人们的妆容在时代背景的烘托下也展现出了其极致华丽和丰富的一面。从唐代仕女妆容对后来社会的影响可以看出，美妆系列从古至今都是火热的，包含着自信、美丽、浪漫等一系列积极向上的意义，它以其独特的存在，传达着魅力。

“TANG-唐”品牌文创设计通过妆容元素提取重组的插画创作、色彩的创新运用，将唐代贵族仕女妆容元素同美妆品牌结合，设计出以妆容为主题的美妆文创品牌，可以让更多的人了解到唐代贵族仕女的妆容艺术特色，同时也代表了唐文化的时代特点，更直观地展现陕西地域特色文化。设计从妆容元素入手，以女性为主题，分为贵妃系列——花想容，夫人系列——花意浓，公主系列——花似锦三个系列，借用中国传统颜色来表明三个系列的年龄、性格等不同方面。

图 10-6　“TANG-唐”品牌文创主视觉形象

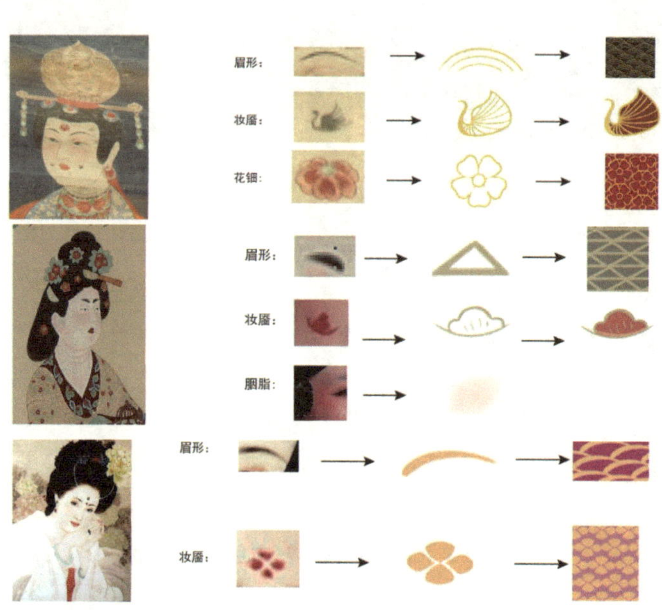

图 10-7 “TANG-唐”品牌文创产品设计

10. 4 陕西代表文物文创设计

唐文化以开放的姿态吸取容纳诸多异域风采，与外来文化相互吸收、融化、调和并趋于一体化。唐代文物形象，浑厚有力，多强调形体肌理，造型丰满，栩栩如生，具鲜明时代气息，写实与艺术性并重，另创一格。

唐代的动物文物是还未被开发的资源，唐代文物色彩十分艳丽，布匹图案的花纹以及颜色超前，具有十分明显的唐代特色。

“唐宠”设计将唐代的动物形象文物和唐代流行图案进行结合，将其以现代的设计手法扁平化、图案化，让历史悠久的文物有了新的活力，更好地去面对年轻群体，继承与传播历史文化，更好地传播陕西地域特色文化。

图 10-8 “唐宠”品牌标志

图 10-9　“唐宠”文创产品设计

10.5 长恨歌主题文创设计

“长恨歌”通过提炼陕西特色文化元素并将之融会贯通，以唐朝诗人白居易所写的《长恨歌》作为切入点，将唐朝特色文化作为主线，借助设计的语言，采用插画的表达方式，将这段婉转动人的故事中的特色形象进行符号、色彩和图形等方面的创新运用，呈现出不一样的视觉效果。“长恨歌”将长安文化的特色形象通过卡通 IP 的形式创新运用，以文创产品为载体，将长安的特色文化和故事融入文创产品当中，使传统文化与现代文化在融合中创新，在创新中传承发展，以此体现出陕西特色文化的内涵，让传统文化更好地融入现代生活，将陕西特色文化以文创产品的形式进行传承与推广。

图 10-10 “长恨歌”视觉形象设计

#23AC38 #15B09C #F2A019 #1B9CB5 #C82F30 #165592 #5F328F #5C1A86 #BE0C60 #E79DBE #FFDA0B #22923B

图 10-11 “长恨歌”文创产品设计

10.6 陕西秦岭珍稀保护动物文创设计

陕西地域文化底蕴深厚，形式多样，内涵丰富，特色鲜明。“祥瑞四宝”将陕西非物质文化遗产与陕西珍稀动物的元素进行提取重组，并将两者以平面 IP 形象的方式呈现。通过对陕西非物质文化遗产与陕西珍稀动物的元素进行提取，整理归纳陕西非遗文化与“秦岭四宝”的元素特征，对陕西特色文化和视觉形象进行相关性分析，以现代视觉设计手法，通过视觉元素的提取再设计与形式创新，进行文化创新设计。

陕西非物质文化遗产有宝鸡社火、凤翔木版年画、凤翔泥塑、西秦刺绣、马勺脸谱、西府皮影、宝鸡剪纸、面花礼馍等，“秦岭四宝”是生活在陕西秦岭中的金丝猴、大熊猫、朱鹮、羚牛这四种国宝级珍稀动物，它们都被列为国家一级保护动物。结合“秦岭四宝”和非物质文化遗产，设计出符合年轻人喜好的 IP 形象，让更多的年轻人对陕西文化产生兴趣，同时呼吁大家保护野生动物。

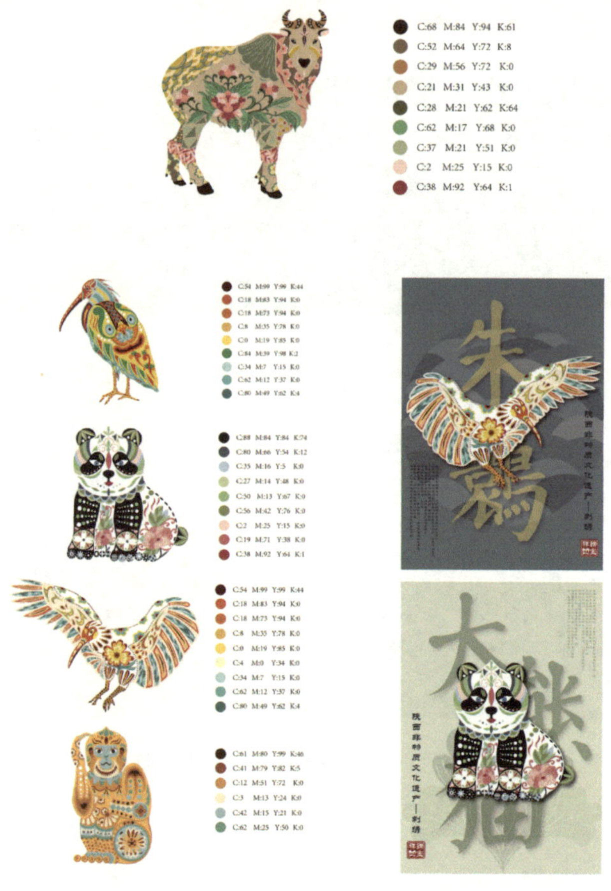

图 10-12 “秦岭四宝”视觉形象和色彩分析

图 10-13　“秦岭四宝”文创产品设计

10.7　陕西历史博物馆文创设计

近年来，我国博物馆文化发展十分迅速。博物馆不再仅仅局限于收藏、展览文物的功能，更加注重文化的传播发展与文物的激活创新设计，让大众了解文物背后的故事，这就促进了文创产业的发展。西安作为文化历史名城，既是中国传统文化的中心，也是我国唐文化的典型代表城市。陕西历史博物馆中的宝藏文物承载着陕西独有的传统文化内涵，通过文物与现代化设计语言的融合创新设计，将历史文物和文创产品设计更好地结合，凸显文化内涵，在设计开发文创产品的同时传播西安独特的文化魅力。

图 10-14　陕西历史博物馆文物造型扁平化提取

图 10-15　“长安记”文创产品设计

10. 8 陕西代表古建筑文创设计

每一个城市都有代表这个城市文化的地标性建筑。它是这个城市的形象代表，也是这个城市经济发展繁荣的见证者，更是居民对这个城市的精神寄托。西安作为中国四大古城之一，也有其独特的文化内涵和历史遗迹，“遇见长安”以陕西地标建筑文化为线索，对陕西地标建筑进行了文创形式的图形再创新。通过将建筑几何化切割、重组，简约、抽象的造型给人无限的遐想空间，用块面和色彩的碰撞，呈现出保有建筑的底蕴，又不失现代美感。加入几何块面的设计为建筑图形赋予了更多的直观性和表现力。

图 10-16 “遇见长安”视觉形象设计

图 10-17 “遇见长安”文创产品设计

10. 9 半坡文创设计

“疯狂的半坡”研究陕西的半坡文化的起源和历史意义，深入解析半坡文化每个符号的意义，提炼出特别具有代表性的图形纹样元素，并将其应用于现代文化产品视觉设计中，满足当代人的审美和文化需求，赋予陕西特色文化新的视觉内涵，增加了其以半坡元素为视觉形象和文创产品的历史底蕴和艺术价值，并大胆运用色彩，通过将原始半坡纹样和器型与现代构成风格相结合的方式，推进陕西特色文化的传承与传播。

图 10-18 “疯狂的半坡”品牌标志

图 10-19 “疯狂的半坡”视觉创新元素来源

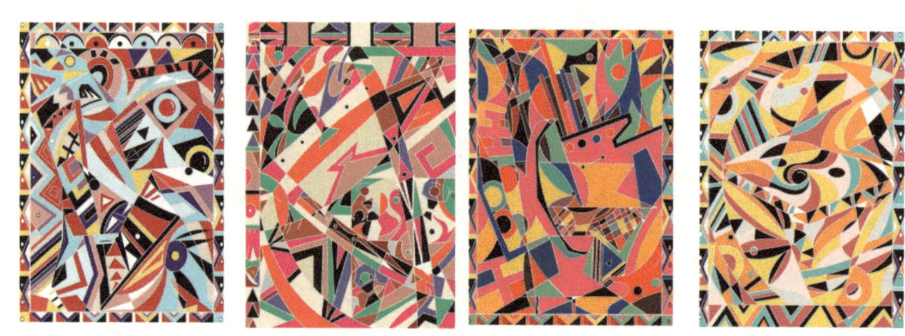

图 10-20 “疯狂的半坡”视觉创新形象

10.10 库淑兰剪纸文创设计

通过对陕西特色文化进行梳理，提取有代表性文化“陕西旬邑剪纸”元素，采用几何切割方式把剪纸中的元素进行切割变形以及重组、创新再设计，以“花间世界”文化创新品牌设计展现库淑兰剪纸色彩绚丽的特点，实现传统文化与现代的相互融合，将传统文化进行传承。

图 10-21　旬邑库淑兰剪纸

图 10-22　“花间世界”标志设计及视觉符号提取

图 10-23 “花间世界”文创产品设计

结　语

本书对陕西地域特色文化和文创设计进行相关性分析，以现代视觉设计手法，通过视觉元素的提取与全新产品形式设计提升文创产品的文化内涵，总结陕西地域特色文化在文创产品设计视觉创新转化中的策略和设计方法，并对如何推广和传播路径进行相关研究。

本书以陕西地域特色文化、文创产品为研究对象，先对陕西地域特色文化进行梳理和归纳，再引入文创，对文创产品进行分析和探讨，运用陕西地域特色文化的符号意义、美学特征、人文精神、文化元素，对原生艺术品进行解读和重构，将陕西地域特色文化元素与产品创意相结合，形成一种新型文创产品。本书从视觉传达设计角度进行视觉元素符号的提取与再设计，采用设计定位、主题形象提取、色彩分析、图形表达、形式表现、材料展现、形式创新等方法研究陕西地域特色文化视觉创新设计方法以及传播和推广路径，通过大量的调研和实践案例，展示陕西地域特色文化视觉创新的新形象。

作者在研究过程中指导学生参加文创类设计竞赛，取得国家级、省部级多项奖项，长期与多家实践基地达成合作意向，形成产学研合作模式。

感谢西安建筑科技大学、西安建筑科技大学华清学院视觉传达设计专业的老师和同学们，感谢西安秦力白鹿仓创新创业基地、凤翔泥塑博物馆、千阳西秦刺绣合作社、韩城花制作家庭坊、宜君剪纸县文化馆、户县农民画展览馆、周至路氏剪纸传习所、西安图行我素艺术文化传播有限公司等给予的帮助和支持。

由于时间有限，有些陕西特色文化元素还未涉及，文化元素之间的联系还不紧密，后续将进行更深入的研究。

参考文献

[1] 牟夏. 陕西民俗文创设计的视觉形象创新研究［J］. 艺术与设计（理论），2020，2（1）：104-106.

[2] 牟夏. 地域文化视觉形象创新［M］. 长春：吉林美术出版社，2019.

[3] 魏鹏举. 文化创意产业导论［M］. 北京：中国人民大学出版社，2010.

[4] 钟蕾，李杨. 文化创意与旅游产品设计［M］. 北京：中国建筑工业出版社，2015.

[5] 乔今. 旅游纪念品中的地域文化因素设计［J］. 包装工程，2015，36（10）：113-116.

[6] 邱蔚丽，邱赤炼. 旅游纪念品设计中传统地域文化元素的意义［J］. 包装工程，2012，33（20）：109-112，132.

[7] 崔勇，杜静芬. 艺术设计创意思维［M］. 北京：清华大学出版社，2013.

[8] 臧秀清，游涛. 文化产品特征与属性的再认识［J］. 探索，2011（5）：120-123.

[9] 吴朋波. 旅游纪念品设计［M］. 北京：人民邮电出版社，2014.

[10] 何彤. 民间民俗设计［M］. 重庆：西南师范大学出版社，2015.

[11] 刘影. 基于可持续发展理论下的视觉传达设计［J］. 包装工程，2015，36（10）：125-128.

[12] 李国利. 民俗文化市场化探讨［J］. 现代商贸工业，2009，21（4）：94-95.

[13] 钟蕾，李杨. 天津旅游纪念品设计开发研究［J］. 民族艺术，2011（3）：118-121.